# 情绪、学习与脑
## ——探索情绪神经科学对教育的启示

[美]玛丽·海伦·爱莫迪诺-杨 著
周 频 陈 佳 张立飞 胡安明 译

清华大学出版社
北京

北京市版权局著作权合同登记号 图字：01-2017-5698

Mary Helen Immordino Yang
Emotions, Learning, and the Brain: Exploring the Educational Implications of Affective Neuroscience
ISBN 978-0-393-70981-0
Copyright © 2016 by Mary Helen Immordino Yang
本书中文简体字版由 W.W. Norton & Company 授权清华大学出版社出版。未经出版者书面许可，不得以任何方式复制或抄袭本书内容。

本书封面贴有清华大学出版社防伪标签，无标签者不得销售。
版权所有，侵权必究。举报：010-62782989，beiqinquan@tup.tsinghua.edu.cn。

图书在版编目(CIP)数据

情绪、学习与脑：探索情绪神经科学对教育的启示 /（美）玛丽·海伦·爱莫迪诺-杨著；周频等译. —北京：清华大学出版社，2020.3（2025.5 重印）
书名原文：Emotions, Learning, and the Brain: Exploring the Educational Implications of Affective Neuroscience
ISBN 978-7-302-54318-3

Ⅰ. ①情… Ⅱ. ①玛… ②周… Ⅲ. ①情绪－神经科学－作用－教育学－研究 Ⅳ. ①G40

中国版本图书馆 CIP 数据核字 (2019) 第 268414 号

责任编辑：张立红
封面设计：梁 洁
版式设计：方加青
责任校对：石成琳
责任印制：刘海龙

出版发行：清华大学出版社
网　　址：https://www.tup.com.cn, https://www.wqxuetang.com
地　　址：北京清华大学学研大厦 A 座　　邮　编：100084
社 总 机：010-83470000　　邮　购：010-62786544
投稿与读者服务：010-62776969, c-service@tup.tsinghua.edu.cn
质 量 反 馈：010-62772015, zhiliang@tup.tsinghua.edu.cn
印 装 者：三河市东方印刷有限公司
经　　销：全国新华书店
开　　本：148mm×210mm　　印　张：6.375　　字　数：142 千字
版　　次：2020 年 3 月第 1 版　　印　次：2025 年 5 月第10次印刷
定　　价：39.80 元

产品编号：071428-01

# 内容提要

本书作者玛丽·海伦·爱莫迪诺-杨是一名情绪神经科学家、发展心理学家，还曾是一名公立中学的教师。在这本开创性的论文集中，收录了她的十几篇论文。其中的思想不仅可能完全颠覆我们传统的教育理念和实践，还将丰富我们对情绪与学习之间复杂关系的认识。

爱莫迪诺-杨在阐释神经科学的研究发现对教学实践的启示中，展示了她卓越的才华，她主要提出了两个简单却深刻的思想：其一，由于情绪能激活那些进化而来的负责我们基本生存的机制，情绪因素是产生学习动机的重要源泉；其二，由于我们只会对我们在乎的事情上心，因此有意义的学习本质上是离不开情绪的。概而言之，这些真知灼见提示，要激发学生学习的热情和兴趣，引导他们深度思考，并确保他们能把所学到的知识转化为应对现实生活和工作中出现问题的能力和追求未来事业的本领，教育工作者必须尽可能地关注和调动学生学习中的情绪因素。

爱莫迪诺-杨的娓娓道来不仅引人入胜，还能把她的研究与日常的学习和教学有机融合。在她的著作中，把真实的学习成功的案例与激发源源不断的求知欲相结合，还能把科学与人文的思想相融合。比如，她谈到两个曾因癫痫切除了整个大脑半球的男孩却能画出极好的肖像画。还有在波士顿一所中学里，来自不同族裔、具有不同语言背景和家境的七年级学生，在学了原始人类的进化和为了适应环境产生的自然选择（比如不同肤色是适应环境的自然选择的结果）的课程之后，学生们对科学课开始产生了浓厚的兴趣。她还讲了一名还在上幼儿园的孩童写的一首歌，女孩把她的家人对她那还在襁褓中的小弟弟的爱比作像地球一样广大的故事。此外，本书中还描述了她首次让一些成年人通过脑扫描实验，观察他们体验到崇敬和同情这些情绪时大脑的激活状态。这项研究对揭示意识、生存、自我和社会学习的奥秘都具有深刻的启发意义。

什么是情绪？大脑如何支配情绪呢？情绪在大脑的学习过程中扮演怎样的角色？本书不仅探讨了这些重要的问题，还讨论了神经生物学的发展、创造力的进化起源、有关镜像神经元的事实与谬见，以及社会与情绪神经科学的研究视角如何帮助改善学习技术的设计，等等。

本书是教育学家涉足情绪的神经生物学领域的初步尝试。同时，它也是一本"改变游戏规则"（game-change）的著作，或将改变教师们关于什么是学习的看法。

玛丽·海伦·爱莫迪诺-杨是南加州大学的教育学、心理学和神经科学教授，她在该校的脑与创造力研究院从事科研工作，并在南加州大学的罗西耶教育学院任教。她因卓越的科研成果、积极投入的科学传播工作，以及活跃的社会影响等多次获得美国的国家级奖励。

# 序

霍华德·加德纳

1985年我曾发表过一篇介绍认知科学的文章，当时认知科学还是一个新兴的跨学科研究领域。在《心智的新科学》中，我阐述了把人类认知看作是计算机模型所带来的普适性和局限性。我指出，尽管计算机模型和其所采用的分析方法对心理学、语言学、哲学和神经科学产生了巨大影响，但用计算机模型描述这些领域也存在一个局限性，即它往往将人的认知看作是理性的——当时时兴的"通用问题求解"（"general problem solving"）的计算机正是这一认知观的具体体现。因此，认知科学一方面为解决数学、逻辑学等问题，以及象棋之类的游戏提供了深刻的启发；另一方面却对人的心理等视而不见或忽略不计。该方法还有一个局限，1985年认知科学假定所有的问题都是大体相同的，适用于一个领域的方法（比如假定一个可行的解决方案及其逆向推导）也同样适用于其他领域。

总之，让我感到遗憾的是，20世纪80年代的认知科学对艺术、创造力、情绪、复杂的社会关系，或对结合语境理解人类思想和行为等的重要性都漠不关心，而这些与人类生活息息相关的领域恰恰是我所渴望了解的。

玛丽·海伦·爱莫迪诺-杨的这本论文集让我眼前一亮，它让我时常想起我们30年前的研究工作。时代进入21世纪的第二个十年，我们有幸对人类思想和行为的认识有了更广阔而深远的图景。这些进步都得益于来自不同学科的学者们展开的跨学科合作。其中有些既是玛丽·海伦的老师也是学界泰斗，如安东尼奥·巴图、安东尼奥·达马西奥、汉娜·达马西奥、科特·费希尔和大卫·罗斯等，还有像乔治·拉考夫那样的卓越的贡献者。即便如此，玛丽·海伦的研究也是卓尔不群的。基于这些学者的思想和研究发现，她开创性地将自己的工作与其他学者的创见进行了有效整合，从心理学、神经学和其他认知科学的前沿研究中提出了对教育的启示。

从此书中的重要发现和深刻见解中，我信手拈出几点来谈一谈。这些观点无疑对30年前的观念产生了极大的冲击。那时，

- 我们对那些需要较长时间才会发酵出的人类情绪，如崇敬或敬畏等该如何研究不甚了解，也不知如何通过心理学和神经学的方法将其与迅速出现的情绪，比如惊讶或恐惧等进行比较。我们也根本想不到这类缓慢发酵的情绪会依赖于基本的、无意识的身体调节功能。
- 我们尚未认识到那些表面看起来是拖延踟蹰、瞻前顾后、前思后想，甚至像做白日梦那样的"无所事事"并非是无意义的浪费时间，更不了解它们背后的神经机制。
- 我们以为摘除了整个大脑半球的外科手术会严重破坏人的认知能力，根本无法想象这样的病人还能拥有正常人或在许多方面接近正常人的举止和行为。
- 我们对来自不同文化的人群的大脑的神经加工的共性和差异性还不甚了解，更别说了解各自加工方式的优劣了。
- 我们完全不知道某些神经网络（现在称为镜像神经元）在

看到他人执行一些有目的或有意图的动作时,这些神经元网络也会发放。

我想,除非是文盲,无论一个人是不是科学家,都不免会对不断涌现的科学新发现,尤其是关于人脑的新发现产生好奇。我清楚地记得半世纪以前,人们津津乐道他们刚刚得知的大脑左半球和右半球具有不同的功能和能力〔实际上对两个半球各自特点的描述始于19世纪下半叶。但当时人们使用了极端(现在已经臭名昭著)的外科手术把两个半球分开,以了解它们各自的能力和作用〕。无疑,神经科学的研究日新月异。有时,即便两种解释的效果是一样的,但只要附上一张脑图就更能让人心悦诚服!

玛丽·海伦·爱莫迪诺-杨是心智—脑—教育这一跨学科研究领域的开拓者。这项跨学科研究肇始于世纪之交,由哈佛大学教育研究生院和世界上其他几所大学首先发起。得益于当今世界对脑科学日益浓厚的兴趣和她本人开创性的研究,人们开始对她的研究及其对课堂教学可能产生的影响发生了浓厚的兴趣。不过,有时也会因热情过头导致过度解读一些研究结果。比如人们一厢情愿地相信一些"神经神话",或是用关于脑的证据去牵强附会他们的工作。事实上,这种情况有愈演愈烈的趋势,甚至让一些研究者也真伪莫辨,人云亦云。

如何整合复杂的科学研究发现,并使其与教育相结合是一项极具挑战性的任务,其难度让许多学者望而却步。虽然他们的小心谨慎是可以理解的,但是这块处女地也给投机取巧者,甚至冒充内行的"专家"们提供了"用武之地"。他们振振有词地声称,"大脑是如此这般地工作,因此你得如此这般地教学",或"大脑是如此这般地工作,所以学生应当如此这般地学习"。

玛丽·海伦在讨论她自己和其他重要学者的研究对教育的影响时，所表现出来的审慎态度是值得尊敬的。她坦承实验室的研究发现与课堂教学实践还存在着相当距离。她主张教育中应当传递价值观，不应仅仅因为心智（或脑）是如何工作就简单粗暴地规定，甚至强制该如何教育或如何学习。的确，教育关乎选择，而很多选择都反映了一个人的价值取向或受制于特定环境下的约束条件——这些约束既可以是课堂里年幼的学生，或是教师或家长个人的偏好，也可以是国家政策的规定，等等。

虽无意于画蛇添足，但我相信玛丽·海伦一定会认同下面这些观点。许多科学（也包括其他学科）都对什么是最佳的教育积极建言献策，尽管目前还远远没有定论，但忽视它们是不明智的。特别是当这些观点都殊途同归时，倘若我们能有效借鉴，并予以重视，定会让我们受益匪浅。她常常在文章中将心理学、神经科学的发展与文化语境有机结合，给教育工作者提供有益的启示。有时，她给出一些一般重要的建议，比如，情绪为学习提供强大的动力，教师忽视这一点将是有害的。而有时她的建议会比较具体，有针对性。比如：每个孩子识解数学问题的方法存在个体差异，倘若教师了解到每个学生解题时的不同假设和偏好，就能更有针对性地开展教学。有些建议则具有普适性，例如：如果让电子产品的设计更加人性化，尽量发挥使用者的主观能动性，使用效果就会更好。而有些建议则针对特殊大脑的群体，比如，能利用额外的认知能力重新认识并解决问题的人能更有效地解决问题。

科学大厦是在前人打下的基础上添砖加瓦建造起来的，必要时还需要作出适当的调整，我们需要对方法和推论的限度保持清醒的头脑。另外，教学工作是在真实环境中发生的，家长、教师和学生必须充分利用时间、技术、教材和工具。玛丽·海伦曾经在中学和大学教过科学课，她十分清楚教育工作者所承受的压力和受到的限制。同时，她也深知教师也是学习者（这也是许多人愿意投身教育事业的原因），他们渴望能吸收新思想、新方法，以提升他们的教学质量。因此，玛丽·海伦虽然在这本书中报告了她的研究发现、说明了其研究的意义并给出了宝贵建议，并未让人感到她以居高临下的姿态对教育工作者们指手画脚。更重要的是，她提供了一种思想态度，即对科学发现既要充满热情，又要小心谨慎（即所谓"大胆假设，小心求证"——译者注）——这也正是我们希望在教师和学生中培养的一种思维。

在通读本书的过程中我也获益匪浅：读者从中可以了解一个正在欣欣向荣的研究领域从诞生到幼年的成长过程。这些科学大厦建立在早期认知科学的基础上，并经过她所在的那个领域的学术巨擘和顶尖学者们（其中有些是她的老师），以及她本人的不断修改和完善，玛丽·海伦·爱莫迪诺-杨得到了重要的发现——这些发现既令人着迷，也孕育着对教学的深刻启示。我们深知这项研究事业还非常年轻，不说是孕育在子宫里的胚胎，顶多也只是呱呱坠地的婴儿。但只要我们始终保持思想的活跃，可以预见在未来的几十年里，我们对心智、脑和教育的认识会日臻成熟。玛丽·海伦·爱莫迪诺-杨的工作为该领域的研究打下了基础，相信今后她一定还能继续做出她独特的贡献。

# 译者序

周 频

  2014年我曾非常有幸受到世界著名的认知神经语言学家、情绪神经科学界的泰斗安东尼奥·达马西奥（Antonio Damasio）院士的邀请，在他和他夫人汉娜·达马西奥（Hanna Damasio）（也是杰出的神经科学家）主持的南加州大学（USC）的脑与创造力研究院（Brain and Creativity Institute，BCI）访问学习一年。沐浴着洛杉矶的明媚阳光，沉浸在充满艺术气息的BCI办公楼里，我度过了充实、美好而收获满满的一年。我不仅参加了认知神经科学家丽萨·阿齐兹-扎德（Lisa Aziz-Zadeh）教授的具身认知和具身语义学研究小组，可以在每周的小组例会上与她的硕士生、博士生、博士后们共同交流和探讨问题，倾听他们各抒己见、互提意见和建议，还旁听了她给医学院的学生开设的认知神经科学课，以及其他教授开的功能核磁共振成像、心智与脑等相关课程。此外，达马西奥夫妇也经常邀请世界一流的学界精英来研究院作各种前沿的学术报告。在这些课程和讲座的耳濡目染中，我仿佛踏入了一个全新而令人激动的新天地。虽然，出国前我曾囫囵吞枣、不求甚解地读完了安东尼奥·达马西奥博士的四本书（《笛卡儿的错误》《寻找斯宾诺莎》《感觉发生的一切》《自我降临心智》），以及一些认知神经科学的教材和科普读物，但与BCI的同事们朝夕相处中，我才切身感受到认知神经科学正以碾压之势跃升为 21 世纪最热门的学科。几乎每一种与人类心智或认知相关的学科都试图与它联姻。不仅教育学、心理学、语言学、哲学等主动与认知神经科学结合，演变为教育科学、心理科学、语言科学、神经哲学等，我发现来做讲座的专家中还有许多经济学界、法学界和音乐界的大咖（国际著名的大提琴演奏家马友友就是达马西奥夫妇的好友，并担任 BCI 的顾问），他们都在应用最前沿的认知神经科学理论和方法去拓展和更新他们的知识体系。有趣的是，我认识好几个在 BCI 做研究助理或实习的双学位本科生，他们的一个专业是法学、经济学、作曲，甚至是现代舞，另一个专业则是认知神经科学！

就像她的名字一样（她的名字是两个名和两个姓的组合），玛丽·海伦·爱莫迪诺-杨（Mary Helen Immordino-Yang）是把教育学、心理学和认知神经科学融为一体的一位开路先锋和一往无前的探索者。她现在是南加州大学罗西耶教育学院（USC Rossier School of Education）的教授和脑与创造力研究院的研究员。由于她在这些跨学科领域做出的开创性贡献，她被选为国际心智、脑与教育学会（The International Mind，Brain and Education Society，IMBES）的会长。

在访学期间，我正好在准备申请研究基金，想比较英国和中国情绪概念化的异同。与导师聊了我的设想后，她推荐我与玛丽·海伦以及她的博士后杨晓菲（Xiaofei Yang）（巧合的是，她也来自上海，本科毕业于复旦大学生命科学学院。硕士、博士和博士后都在南加州大学研究认知神经科学）聊一聊，说她们的课题组在做情绪神经科学与教育学的跨学科研究。由此，我才与她俩有了更多的接触和交往。她俩都对我撰写的课题申请书提出了宝贵的建设性意见。

回国后，我在亚马逊网上看到了玛丽·海伦的这本《情绪、学习与脑》，就买来仔细阅读。当我把自己的读后感通过电子邮件与她交流时，她问我是否可以帮她翻译成中文，在中国出版。所幸得到大学同学黄凯旋的热心牵线和清华大学出版社张立红老师的鼎力帮助，终于能让中国读者通过这本书了解情感神经科学带给教育界的全新的理念和视角。

在翻译和审阅全书译稿的过程中，玛丽·海伦的思想时而会让同是教师的我心有戚戚，有时宛如一股清风让我耳目一新，甚至带给我一些震动和冲击。比如，她认为学习的过程离不开情绪。情绪不仅不是无关紧要的，还是为认知和学习导航的"情绪舵"（emotional rudder）。情绪调节认知的过程常常隐藏在无意识的层面，它通过调节我们身体的生理变化（如心率、血压、肠胃等）及其感受，从而引导我们的认知和行为。她认为我们的大部分认知都是在情绪思维中进行的。只有情绪参与的学习才能转化为学生的能力，也才能学以致用。而传统基于行为观察和被试自我报告的心理学研究方法只能关注认知的、理性的、有意识层面的学习，无法看到无意识层面的情绪通过生理调节影响认知的巨大力量。因此，我领悟到为什么给学生填鸭只会制造一些"高分低能"的学生。那些盲目追求分数、无视学生情绪因素的教育，恰恰是因为不懂大脑的学习规律或学习的科学而结出的"歪果"。

还有，她认为休息并不是浪费时间、游手好闲。相反，脑正是在静息状态时才会去反思和建构自己的经验，并赋予这些经验以意义；才会把碎片化的信息整合成连贯的、有意义的知识体系和对自己有用的能力。她提醒我们："儿童如果没有足够的时间玩耍，青少年如果没有充足的时间安静地反思和做白日梦，都会导致不良后果——既会有损他们的幸福感，也会影响他们的专注力。"这也让我意识到，那些一味逼着学生争分夺秒地泡在题海战术中，靠"头悬梁、锥刺股"式的苦读死学的家长和教师，尽管短期内能让学生的分数提高，却错过了他们本应享受的闲暇时光和做白日梦的自由。而必要的白日梦对发展学生的创造力和专注力、对培养他们今后的幸福感是十分重要的。她指出，大脑不同网络之间是此消彼长的关系，即当一个网络投入的工作越多，则另一个网络的工作量越少。因此，如果我们的教育始终只关注学生的"外求"（looking out）方面——让他们只盯着眼前的、短期的目标，他们的"内观"（looking in）或内省力就会被弱化，甚至会迷失自我，难以形成人生的大格局、大眼光和大胸怀。无论是古代先贤，还是近代哲人都说过不少至理名言、格言警句，比如"一张一弛乃文武之道""大器晚成""会休息的人才会学习"，又如犹太民族几千年都恪守的安息日的传统（犹太历每周的第七日，即自星期五日落到星期六日落，不许工作）。今天我们从认知神经科学的角度来看，这些朴素的道理和事实背后都有一定的科学依据。

通过对两个半脑男孩（他们分别在 3 岁和 11 岁时因患有严重的大脑局部癫痫而不得不接受整个大脑半球的切除手术，分别失去了右脑和左脑）的特殊案例，她发现尽管他们都丧失了一半的大脑组织，却能基本保持正常的学习、生活和工作。通过实验研究，她的团队发现这两个男孩其实是靠剩下的半个大脑代偿了所失去的那半个大脑的功能。而让她感到惊讶的是，他俩都是充分利用他们所剩下大脑半球的情绪优势代偿他们失去的功能。他们的大脑并不是"削足适履"——靠他们所剩的半球去做他们失去的大脑半球的工作。玛丽·海伦由此得到启发而提出，其实每一个人、每一个学生都是不同的个体，他们的大脑都会有各自的认知和神经加工特点。因此，在面对同样的问题时，不同的人会把它转化为适合自己大脑加工方式的问题，即把这个问题转化为一个新的问题。因此，这就需要教师们尊重他们的差异、因势利导、扬长避短，而不是"削足适履"，用单一的模子去塑造不同的学生。

总之，近几十年来认知神经科学的突飞猛进对那些涵盖心智或认知的传统研究领域，包括教育学、语言学、心理学、经济学、法学、计算机科学，甚至哲学、音乐学、舞蹈学等都带来了巨大的冲击和挑战——有些或许不得不逐渐告别传统的研究范式，调整学科构架和知识结构，建立新的理论假设。

本书主要由周频（上海海事大学外国语学院副教授）、陈佳（上海外国语大学副教授）、张立飞（宁波大学外国语学院副教授）和胡安明（首都医科大学附属天坛医院博士）共同翻译。我们的分工如下：周频翻译序言、致谢、引言、第一章、跋和封面、封底、目录等部分；陈佳负责翻译第三、四、十章；张立飞翻译第五、六、七章；胡安明翻译第二、八、九章。所有翻译人员完成第一稿后，周频对全书进行了审阅和较大幅度的修改和调整。之后又反馈给各位翻译人员进行修改和完善，然后周频又从头至尾通读和修改，并请她的研究生贾振君、杨英巧、张晓彤、赵海申对全书进行了校阅。周频所翻译的部分还请她教过的2016级英语翻译专业的本科生黄天慧、刘可欣、汪欲晓、徐亦菲和周鑫颖帮忙通读和校阅，在此一并感谢！

最后，还要衷心感谢南加州大学脑与创造力研究院的安东尼奥·达马西奥、汉娜·达马西奥、丽萨·阿齐兹-扎德、玛丽·海伦·爱莫迪诺-杨、杨晓菲（Xiaofei Yang）、庄建成（Jiancheng Zhuang）等，和他们在一起的那段日子让我收获了事业的进步和真挚的友谊。没有他们的帮助，我恐怕不大能读懂这本书，也不会想到要去翻译它，或许也不会申请到2015年的上海市哲学社会科学规划一般项目和2017年的国家社科基金一般项目，能让我现在有机会从事情绪概念化课题的研究。

2018年3月于东海之滨滴水湖畔闲云阁

# 致谢

我的导师一直谆谆教诲我,一定要把人类的行为看作点镶嵌在语境中的动态发生的过程;把心理发展视为人们主动建构的过程;把情绪看作是生物的、进化的和为了适应发展的结果。这些观点都深深扎根于我的思想中。衷心感谢安东尼奥·达马西奥、汉娜·达马西奥、科特·费希尔、霍华德·加德纳和大卫·罗斯等学者的开创性工作为我的研究搭建了基本框架。而且,他们都是我的良师益友,给予我以思想上和情感上的帮助和支持,让我不胜感激。

本书中的有些章节最初是我与同事和学生们合作完成的论文,其中包括安东尼奥·达马西奥、科特·费希尔、乔安娜·克里斯多露、凡妮莎·辛格、马提亚·菲利和莱斯利·希尔瓦的贡献。

衷心感谢我的同事兼挚友玛格丽特·拉扎里,她爽快地答应我使用她所创作的油画作为本书的封面。这幅画充满灵动的想象力!它描绘的是漂浮在生机勃勃的海洋世界里半透明的活人的大脑白质,倏忽游过的红色的鱼代表着活跃的创造力和思想。这幅画也时常提醒我要以生态学的眼光去理解脑的发展。脑图是用南加州大学汉娜·达马西奥领导下的多尼斯夫认知神经影像中心(DNI)的特斯拉核磁共振成像仪(MRI)扫描的。

我的研究还得益于一些个人、机构和基金的资助。首先,本书中的相关研究是在哈佛大学教育研究生院（HUGSE）和南加州大学（USC）完成的。 我尤其要感谢南加州大学的脑与创造力研究院（BCI）、罗西耶教育学院、多尼斯夫文理学院和神经科学研究生课程的同事们。罗伯特·吕埃达、凯伦·加拉格尔、盖尔·辛纳特拉、帕特·莱维特、温蒂·伍德、盖拉·玛格林、罗恩·阿斯特、斯蒂夫·洛佩兹和巴特利特·梅尔都给予了我大力的支持和帮助。哈佛大学教育研究生院的凯瑟琳·斯诺总是热心地给我提出中肯的批评和建议。感谢国际心智、脑与教育学会（IMBES）为我提供了一个珍贵的精神家园。我的工作也受到了美国国家科学基金、斯宾塞基金、美国大学妇女联合会、安妮伯格学习者基金、脑与创造力研究院基金、南加州大学罗西耶教育学院和南加州大学教务长办公室等的慷慨资助。

我还要感谢尼可和布鲁克及他们的家人。他们不仅同意参加我在第七章中所做的研究项目，而且多年来始终耐心地配合我的研究工作。他们在切除整个大脑半球后还能取得今天的成就，我由衷钦佩他们能战胜常人难以想象的厄运的勇气。

本书也得到一些教育大师，特别是劳拉、简·林克、米歇尔·沙利文、安妮·卡林、伊丽莎白·罗斯、西里·菲斯克和丽莎·塔丽塔等人的回应。

丹尼·布罗格特和大卫·丹尼尔（心理学和教育学教授）不仅对我非常好，还对我的研究进行了评论和批评，尽管他俩的观点经常针尖对麦芒。在撰写本书的初期，我感觉自己就像在泥泞中蹒跚着艰难爬行，而那时他们就开始耐着性子一遍遍地读我的书稿，无数次地与我通电话讨论。有时我想，要是我搁浅在一个荒岛上，他们两位必定会毫不犹豫地出现在我的面前帮我出谋划策,造一艘小船逃生。

在写作过程中,我的同事丽萨·费尔德曼·巴雷特、乔·布拉特、汤姆·卡鲁、玛利亚·卡雷拉、吉内·克拉克、杰伊·吉德、韩世辉(Shihui Han)、斯科特·巴里·考夫曼、希诺布、喜多山忍(Shinobu Kitayama)、玛利亚·奥特、达芙娜·奥伊斯曼、朱莉安娜·帕拉-布拉格耶夫、约瑟夫·帕维兹、大卫·珀金斯、拉里·皮克斯、比尔·特尼、简尼·蔡、布兰德夏·泰尼斯、丹·威林厄姆和艾伦·温妮等都给我以指导和反馈。我在南加州大学罗西耶教育学院的学生和许多主办和参加过我的工作坊和讲座的教育工作者和学校都影响了我的思想轨迹和研究路线。

与南加州大学脑与创造力研究院(BCI)的同事们之间的讨论总是让我受益良多,并带给我无尽的精神享受。书中的许多思想都与这里的同事们安东尼·布哈拉、乔纳斯·卡普兰、丽萨·阿兹兹-扎德、莫尔塔扎·德哈尼、约翰·蒙托索、杰西卡·维斯露斯基、阿萨·哈比比和格伦·福克斯讨论过。杨晓菲(Xiaofei Yang)是我在神经影像实验和跨文化研究工作的真正的合作者。目前在我的实验室工作的几个研究生丽贝卡·戈特利布、罗德里戈·里维罗斯和埃里克·扬让我们的研究充满乐趣和欢乐 [ 加上菲(指作者的博士后杨晓菲 Xiaofei Yang)——译者注 ],并且他们给予我基金资助,才使得这一切成为可能。还有近年来到我的实验室实习的那些优秀的高中生和大学生对我的研究都作出了实实在在的贡献,可惜我在此无法一一点名致谢。

德拉·马尔穆特和诺顿出版社的编辑们,以及这本书所属系列丛书的编辑卢·科佐林诺耐心、睿智和周到的帮助总能让我轻松地渡过难关。

弗兰西斯·克里克曾说过一句名言："因为他，没有哪个外行肯读他的书，更不会给他建议和意见。"不过幸运的是，我的一些思想恰恰来自我的外行朋友和家人们，由他们组成的意见团为我提供了许许多多的真知灼见。我在曼哈顿海滩第七街的邻居们，我的妈妈苏珊，爸爸皮特·爱莫迪诺，我已故的姨妈盖尔·玛丽·马克，还有我的姐姐、姐夫、妹妹、妹夫，诺拉和查克·菲尔德保施（尤其是诺拉的精神病学的知识让我受益匪浅），玛姬和布鲁克·波尔纳，还有蒂姆·爱莫迪诺，他们都是我的意见团成员。我们交谈的嗓门会同步飙升（夹杂着身边嬉戏玩闹的孩子们和美味佳肴扑鼻的香气）。不过，若是我错了，他们定会实话实说，毫无保留。

最后，要感谢我亲爱的丈夫凯拉·杨、孩子诺拉、希欧多尔。从他们那里学习到的关于人类（包括我自己）的发展和情绪的知识，比从其他任何人身上学到的都多。我想可以用一个南非的概念 Ubuntu 来表达我的感受。它大概可以翻译为"因为有你，我才成为我"（I am because you are）。我特别要感谢小女诺拉允许我把她的小诗放在第六章。我对我的父母和我的婆婆辛西娅、公公尤金·杨的爱和感激之情难以尽述。不仅因为他们像我一样深爱着我的孩子们，让我能全身心投入工作，并且毫不夸张地说，没有他们的帮助，我不可能完成这本书。

# 目录

引　言　为何学习离不开情绪？……………………………………… 1

## 第一部分　什么是情绪，大脑如何支持情绪？

第一章　我感，故我学——情绪和社会神经科学与教育的关系… 12
第二章　"休息并非懒惰"——大脑默认模式对发展和教育的
　　　　启示……………………………………………………… 28
第三章　情绪和社会神经科学对教育理论的启示………………… 50

## 第二部分　情绪神经科学为学习和教学带来什么洞见？

第四章　学习的神经科学基础……………………………………… 60
第五章　情绪和熟练的直觉在学习中的作用……………………… 75
第六章　创造力的神经生物学起源和进化起源：由对一个儿童
　　　　诗歌的跟踪分析所想到的……………………………… 90
第七章　双例记——两位半脑男孩带给教育的启示……………… 98
第八章　烟雾缭绕中的镜像神经元——社会文化和情绪组织学习
　　　　过程中的感知和行为…………………………………… 140

第九章　对美德产生的钦佩之情——对动机情绪的神经科学
　　　　研究……………………………………………………… 153
第十章　基于社会和情绪神经科学视角的数字学习技术设计…… 169

跋…………………………………………………………………… 180

# 引 言

## 为何学习离不开情绪？

凭直觉老师们都知道，不仅学生，就连他们自己的学习都不会是每时每刻地对不同的学习内容保持一贯不变的态度。相反，在我们的生活中，有时会感觉春风得意，有时却愁云惨雾；有时意气风发、精力充沛、才思泉涌，有时则会郁郁寡欢、心不在焉、精力涣散。度假前的那个下午，我们会兴致勃勃，度假归来的第二天早上却会无精打采；对擅长的技能和学习内容，我们会兴致盎然，反之则觉枯燥乏味。这些不同的表现不仅会影响孩子们的学习，也会影响教师们的教学效果，甚至还会影响学生对知识的掌握。总之，受情绪的影响，学习其实是在社会环境中动态发展的。情绪在思考、记忆和学习的方式、内容、时机和动机等中发挥着至关重要的作用。

最初我意识到情绪对学习的重要性还是在我刚刚大学毕业那阵。当时我在波士顿市区附近一所多族裔的公立中学担任科学课的教师。我生活和工作的社区有很多人是美国的第一代移民。学校 1800 多名学生中，他们的母语就有 81 种之多，而且大多来自贫困家庭。我教的是综合科学课（是一门偏技术的学术课程）。我发现，学生们提出的问题和他们的解释似乎与他们的朋友圈、家庭背景、审美趣味，以及文化价值有着千丝万缕的联系，这让我感到无比新奇。比如，我在教史前人类进化这一单元时（内容是我与本科时的教授共同设计的），没想到我带的七年级的学生之间的种族关系发生了变化，更确切地说是得到了改善，这让我充满好奇。当学生们了解到黑白肤色是为了适应自然选择而进化产生的特质后，不仅他们的关系有了很大的改善，也增强了他们对自己种族的认同感。他们为何会对科学的理解带上个人感情色彩呢？为何经过七嘴八舌的议论后，那么多的学生突然对科学课发生了浓厚的兴趣呢？带着这些疑问，我进入了研究生阶段的学习，并一直盼望着能通过我的研究找到一个满意的答案。

近年来，对情绪影响思维和学习的科学研究取得了巨大发展，尤其是神经科学革命在过去二十多年里完全颠覆了我们关于情绪影响学习的观点。研究表明，情绪与认知的神经加工是相辅相成、相得益彰的。从神经生物学的角度看，无论是记忆、复杂的思维活动，还是重大决策，没有情绪的参与几乎是不可能的。要知道脑的新陈代谢量是非常大的，而进化不会支持一个只会大量消耗能量和氧气，却对我们无关紧要的器官。简言之，我们更关注我们在乎的事情。无怪乎那些七年级的学生在我的科学课上会那么聚精会神地听讲。因为他们发现，科学竟然可以帮助他们理解日常生活中遇到的种族和民族的多样性，以及身份认同的问题。

人们更愿意关注对他们而言重要的事情，这一思想对教育和教学法具有重要的启示。因为它提出了新的问题,即学生如何、何时以及为何进行有意义的学习(教学不是照本宣科、按部就班,或毫不关心学生学习的内容是否有意义)。这个启示还衍生出如下一些问题:技术、文化和社会关系怎样塑造我们的学习过程?教师如何在课堂教学中察觉并调动学生的情绪?这一理念也提示我们,学校教育该如何引导学生主动学习,善于学以致用。因为这些都是有意义的学习的具体体现。这一理念带来的启示对培养知识渊博、品德优良、有独立见解的公民是必不可少的。因为我们需要找到合适的方法调动学生的情绪,培养他们学习的兴趣。

调节情绪有助于我们认识什么是情绪。情绪及其底层的生物学意义上的原始欲望,比如,饥饿和性欲,都是生物进化的产物,是提高其生存机会的行为机制。简而言之,情绪是进化而来有助于生存的产物。比如人类因为有了恐惧这一基本情绪,才能让我们避免跌入万丈深渊;也多亏了有了厌恶情绪,才能让我们避免吃腐败有毒的食物;因为有了爱这样的社会情绪,人们会相亲相爱、生儿育女;有了思想和可塑造的脑,我们才会有各种情绪,为我们的思想和社会行为增添感情色彩、引领方向。比如好奇会让我们充满探索的求知欲;欣赏和崇拜的情绪则让我们见贤思齐。人类还有同情、愤怒、兴趣和"心流"(flow)(Csikszentmihalyi,1990)等情绪,这些情绪都有其存在的必要性和重要性。

这些复杂的思想和社会情绪是我们应对各种境况和概念而产生的主观行为与心理反应——它们反映在我们的生理变化(比如心跳加速)和特定的思维方式上(比如感到恐惧时,想立马逃之夭夭;心生怜悯时,会慷慨解囊;对着迷的事情,会聚精会神,等等)。对这些情绪的感受构成了我们的社会属性和道德观念的一部分。我们会效仿榜样、帮扶弱者、惩恶扬善。情绪也是学术创新和发明创造，以及决策行为的基础。例如，只有发自内心的热爱，我们才会将毕生精力奉献给教育事业，无怨无悔。

因此，进化而来的情绪是高等动物管理好自身生活必不可少的要素。有效的生活管理不仅包括基本生存，还包括我们的社会生活和精神生活（这些观点来自我与安东尼奥·达马西奥院士的合作研究，可参见 Damasio [1999] 和 Damasio 以及 Carvalho[2013] 等相关文献）。神经生物学在其中发挥着怎样的作用呢？情绪神经科学（即研究情绪的神经科学）提供了一个深刻的洞见：调节我们社会文化生活和精神生活的情绪神经系统，也负责管理着我们在生物的感觉知觉层次上的基本生存。正如诗人和艺术家们千百年前早就猜想到的那样，用于体察人际关系、欣赏思想成果的神经系统与感受和调节肠胃及内脏器官的神经系统、血液中的化学物质和激素，以及唤起我们的觉知和意识的神经系统其实是相同的。无怪乎我们在进行发明创造、追求成功、树立文化理想和建立人际关系（也包括在教学环境中的人际关系）的精神动力都如此强烈。

不过，情绪对教育来说还有更重要的意义。复杂的情绪，比如兴趣、鼓舞、愤怒和怜悯都是通过心智主动建构的。换句话说，情绪不仅与我们当下的境况有关，还与抽象推理、个人解读、思想信念等密不可分。它们不仅与我们此时此刻对世界的思考和认识有关，还与我们个人的经验和对未来的设想有关。因此，说情绪是"复杂的"，意味着这些情绪都依赖于我们对情境的主观认识、认知识解，以及伴随产生的具身反应。

即使在一些传统观念中被认为是跟情绪无关的学科比如物

理学、工程学或数学,要深入理解它们也离不开概念之间的情绪联系。例如,核磁共振成像研究发现,数学家看见"美"的优雅公式而不是"丑"的笨拙公式时,与欣赏一幅画所体验到美感时激活的脑区是相同的(Zeki, Romaya, Benincasa & Atiyah, 2014)。在我所工作的南加州大学脑与创造力研究院(the Brain and Creativity Institute),我们发现体验高尚的道德之美,比如与崇敬和同情有关的情绪时,该脑区居然也会被激活(Immordino-Yang, McColl, Damasio & Damasio, 2009;可参见第九章中对该实验的描述)。这些证据表明,有意义的学习能帮助学生将孤立的、抽象的运算技巧与有感情色彩的、主观的和有意义的经验联系起来。虽然要帮助学生建立这种联系是比较困难的,但是要调动学生的内在驱动力,真正发掘出对他们有用的能力就必须这样做。

此外,和认知一样,情绪是随着思想的成熟和阅历的增加而逐步提升的。从这个意义上说,情绪也是组织思想和行为的一种能力。它既是我们当下主动建构的产物,也是生命在不同阶段为了适应环境而自我调节的结果,这也包括适应学业发展的需要[这些观点来自我与科特·费希尔的合作研究,相关文献可参见Fischer 和 Fidell(2006)]。学前儿童的情绪与五年级小学生、青少年、老年人的情绪必定是不一样的。新入职的教师的情绪与教学经验丰富的老教师的情绪也不一样。甚至两个在同一发展阶段的人面对同样的情形时反应也不会总是一样,有时甚至会大相径庭。这又是为什么呢?

原因在于情绪既是维持生存的基本动力,也是驱动学习的核心动力。首先,情绪对特定境况会产生自动的心理和身体反应。

某类人、某种文化或年龄群体的人比其他人的反应更加强烈,甚至会有完全不同的反应。比如,有些人受惊吓时会跳起来,有些人则表现得比较淡定。这些反应往往受到文化的影响。比如,许多亚洲人倾向于克制他们的情绪表达,而拉美及地中海地区的人们大多感情外露。不同文化对情绪的期待也会影响到个人的情绪表达方式,比如是外露还是克制情绪。我们的研究表明,通过改变身体反应的强度,即改变由文化和个体差异造成的情绪表达的差异,会影响人"对情绪的感受",也就是影响他们如何感受自己的情绪和对具身体验的主观评价(Immordino-Yang, Yang & Damasio, 2014)。

其次,人们会基于过去的经验来解读他们所处的环境和情绪反应。无论是教师还是学生,在理解和推理时都离不开情绪的参与(虽然情绪的影响常常是内隐的或无意识的)。人们会受到不同情绪的影响,尽管这种影响常常是内隐的或无意识的。受情绪影响的认知却构成了他们学习的核心维度。一个人的主观推理和他们在学生时代解决问题的经历都会渗透到他们的记忆和相关知识中去。在前面提到,数学家在思考和解决数学问题时,他们能够感受到方程式的"美"。当然,这种情绪反应只有专家或内行才能体会。

可见,了解情绪在学习中的意义不仅仅是为了因材施教,还为了通过调控学生的情绪,有针对性地处理和控制学生的行为反应。比如,有些教师为了让学生喜欢上数学课,会给他们发糖果,这其实并不会让他们感受到学习数学的乐趣。了解情绪更重要的意义在于,师生对他们情绪的体验或感受方式,都会有意或无意地影响他们的思想和行为。情绪并不是认知的附属品。相反,它就像好奇、焦虑、挫败、兴奋或在看到美时心生崇敬那样，构成认知能力的一个维度。这就是为什么焦虑会影响学生的成绩，而兴趣会让一个人对他的研究工作废寝忘食。孩子们倘若意识不到他们在课堂上学到的技能的用途，就不会专心投入地学习。靠给他们发糖果虽然可以吸引他们来上课，却无法让他们领略和欣赏数学之美。

鉴于情绪在学习中的核心地位，本书是我和其他研究者们探索情绪和社会神经科学对教育的启示的阶段性成果。在本书第一部分的前三章中，我简要介绍了在教育或其他学习背景下，人们是如何感受的，即大脑如何通过情绪意义建构意识经验。这些经验既可以是对过去发生的事件或信息的记忆，也可以是对当下发生的事情的主观感受，或对未来的规划和想象。教育专家们早就认识到情绪对学习的重要性，也知道持之以恒、坚持不懈地追求目标和梦想是学习的持久动力。同样，把事实、程序和事件的记忆强化为系统化概念的能力，对长期记忆和灵活运用所学的知识是至关重要的。原因何在？其过程又是怎样的呢？我将在本书的第一部分里深入探讨这些问题。

第二部分的章节中将讨论动态发展基于网络的技能（第四章）和基于经验直觉发展的教学策略（第五章）。第六章是一篇短文，通过一个小女孩创作诗歌的成长历程，证明情绪与认知之间的相互影响。第七、八章会讲述一个有趣的案例，即两位因癫痫切除了整个大脑半球的高功能男子的学习经历。此案例可让我们深入了解情绪在组织神经生理中的代偿优势。第九章讨论无意识的情绪加工，以及将有意识和无意识的生物调节系统相结合的重要性。第十章将对数字教学技术的设计提出一些建议。我们认为，设计者可将数字设备概念化为学习者的社交伙伴，让电子设备具备与人共情的功能将更有助于学习。

## 给教师的建议：我为何写这本书，如何阅读本书

我现在是一名研究人员，但我曾经也是一名教师。需要提醒大家的是，不能指望这本书能对具体教育中遇到的困难和问题提供现成的答案，或开一剂"包治百病"的良方。我只是希望本书能为您的教学带来一些启迪和反思。作为一名情绪神经科学家，我希望能与大家共同探讨真实的学习过程究竟是怎样的、如何设计课程、丰富和完善师生们的学习经验。为此，我将直接提供准确、完整的科学证据，目的是以全新且有效的方法整合和解释这些研究发现。

我也清楚出版此书是要冒一定风险的。因为现实世界是复杂多变的，从科学研究推广到实际应用并不能生搬硬套。然而，我胆敢出版这本论文集的原因在于：科学探索永远都是一个过程，而不同的人发出的声音都将塑造这个过程。许多一线教师告诉我，他们渴望能够从科学的角度了解情绪在学习中扮演的角色，他们也希望与家长、同事、教学管理者、政策制定者，以及科学家互相交流、互通有无。很多人凭直觉意识到情绪和社会环境对学习起着重要的作用，也相信神经科学的证据将有助于加强、澄清、证实或证伪他们的直觉。本书将以评论等方式深入浅出地让您能领略这其中的奥秘。我试着在您的办公桌旁边以轻松聊天的方式让您了解情绪社会神经科学的思想观点。我既希望得到您的批评指正，也希望您能对自己的教学理念有所反思，改进您的教学策

略和教学计划。也期盼通过您的挑战和反馈，我们能携手创新教育理念和教学实践。

最后我想说，虽然我的研究方向是情绪神经科学，但心底里我还是把自己看作是人类发展心理学家。由于我的教育背景，我更喜欢关注在变幻复杂的现实世界中的人类行为，最终认识人类的行为和思想是如何与环境动态整合的。好的科学研究需要把研究对象孤立起来，排除干扰因素。但同样重要的是把孤立的碎片拼接起来，理解它们对技能、思想和人与人之间互动的影响，从而认识在特定社会和文化世界中一个完整的人的思想和行为。为此，我们需要努力探索神经生物学和心理学是如何以有组织的、自适应的方式动态改变或"发展"的。这其中既体现了社会的、物理的和认知的环境和特征，也反映了一个人的偏好。既有生态效度，又强调个体差异。也就是说，用科学发现理解现实世界中活生生的人是本书的宗旨。简而言之，本书的研究是将生态效度与神经科学相结合的尝试，借此阐释其对教育的启示。

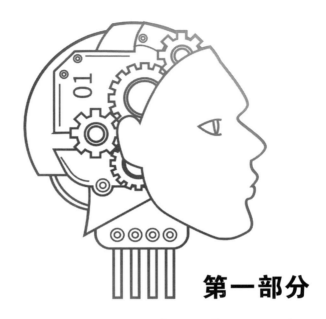

# 第一部分

## 什么是情绪,大脑如何支持情绪?

# 第一章

# 我感，故我学——情绪和社会神经科学与教育的关系

玛丽·海伦·爱莫迪诺-杨与安东尼奥·达马西奥

**本章概要：**这一章的内容是我与安东尼奥·达马西奥院士合作发表的第一篇论文，也是我首次尝试将教育背景下的学习与近二十年来关于脑卒中病人，以及其他获得性脑损伤研究相结合的工作。基于这些脑损伤的研究，我们获得了许多非常有趣的意外发现。比如，有的脑损伤患者仍能保留一些认知能力（指传统意义上智商测试的智力），却不能应付他们的日常生活，这是为什么呢？原因在于他们无法把情绪与思维融为一体。由于缺少了情绪这一要素，他们在决策时非但没有变得更有理性和逻辑，反而根本不在乎别人对他们行为的看法，也无法从他们过去的错误中吸取教训。他们偏离正轨时也无法纠正自己的错误。更为严重的

是，这些病人虽然不缺少知识，却缺乏风险意识或道德自律。他们为所欲为，做出让常人看来是只顾眼前、荒唐愚蠢、危险可怕甚至缺德有害的事情。安东尼奥·达马西奥的研究团队提出，情绪以及由情绪引起的身体反应的感受对思考和决策至关重要。这为智力研究开辟了全新的视野。他们将情绪概念化为人们应对各种情况的方法、策略集合和具体行为。他们认为，如果缺少了情绪，所有的决策和后果都会是一个样——人们不再会有好恶偏见，也会变得索然无趣、萎靡颓废，既没有判断是非的正义感，也没有创造力和审美趣味，生活得浑浑噩噩。

为了能挖掘出这些研究成果对教育的启示，我们首先提出一个基本的前提：若学习和求知没有情绪的参与，学习只是没有内在驱动力的、索然无味、脱离实际的"死记硬背"，学生也不会将所学的知识运用到现实生活中去。从脑损伤患者的情况得知，在完成任务时，知识中包含的情绪维度会唤起与之相关的记忆和技能。如果没有适当的情绪参与，即便有知识也无法有针对性地运用所学。因此，情绪实际上是为思想领航之舵。

近年来，随着情绪神经科学的发展，人们开始关注认知与情绪的关系。这或将彻底改变学校教育的研究方向，特别是决策、社会功能和道德推理之间的关系为理解情绪在决策中的作用、学习与情绪的关系、文化如何塑造学习，以及最终培养人的道德品质带来彻底的改变。这些课题对教育工作者来说都是不容小觑、至关重要的，因为教育者的使命就是培养德才兼备、视野开阔的学生，帮助他们日后成为引领社会进步、树立道德榜样和拓展认知视野的公民。在本文中，我们从生物进化的角度对情绪与理性思维的关系进行了简要介绍，旨在阐明情绪、认知和社会功能之间的关系，为进一步探究情绪在教育中的作用搭建一个研究框架。

现代生物学研究发现，人类本质上是情绪和社会的动物。然而，教育界常常把推理、决策，以及语言、阅读和数学等所谓高层次的认知看成是与情绪和身体无关的、理性的、离身的（disembodied）系统。事实上，这些被供奉在进化王冠上的成就其实是扎根于长期进化而来的情绪，它们来自较为低端的维持内稳态的功能。经验丰富的教师往往会意识到学生的心情和感受会影响他们的学习和成绩，正如学生的饮食、睡眠、健康等身体状况会影响学习一样。不过，我们认为，学习、情绪和身体三者之间的关系要远比许多教育工作者所认为的复杂，因为它们与学习这个概念有着千丝万缕的联系。当然，这既不是说认知完全受情绪的控制，也不是说理性思维根本就不存在。而是说，大脑进化的目的就是管控我们的生理状态以适应生存，享受繁荣幸福的生活。只有认识到身体与心灵是以非常复杂的方式监控和调节我们的认知，我们也才能深切领会，情绪是如何通过身体和心灵与思想紧密地交织在一起。其实，这也不足为怪，因为复杂的大脑与有机体的进化是密不可分的，它们都是用于调节有机体机能的。

对于生存与发展的问题还有一个层次，它涉及情绪与学习关系的一个特殊方面。随着大脑和心智趋向复杂，生存与发展的问题不仅仅是处理好个人的问题，还要处理好人在社会中的互动。人类社会的进化产生了极其复杂的社会关系和文化关系，要在如此复杂的环境中获得发展并取得成功，意味着哪怕是那些微不足道的决策和例行公事的行为，都是由我们的社会和文化建构的。比如，为何高中生要解数学题？理由可能是他们从解题中能获得成就感，得到高分或免受惩罚、帮同学辅导功课、上一所理想的大学、讨老师或家长的欢心，等等。这些理由都关乎愉悦感和适应在特定文化中生存等情绪。虽然生存与发展是在特定文化和社会框架内建构的，且都属于进化晚期的产物，但它们依然依赖于调节身心、适应生存、追求幸福生活和与他人和睦相处等大脑早期进化的功能。

这对我们研究教育与神经科学的关系带来了重要的启示，并为我们理解生物学、学习和文化之间的关系指出了新的方向。当然，这也是教育学中的一个难以系统研究的重要课题（Davis，2003；Rueda，2006；Rueda，August & Godenberg，2006）。大脑的健康与身体的健康是双方互动的，意识到这一点有助于我们进一步了解身心关系。需要强调的是，我们的社会性的根本在于，支持我们社会交往和人际关系的那些神经生物学系统也用于在思想底层的、隐秘的和个人的决策之中。总之，无论是在学校还是在真实环境中的学习，既不是完全理性的、脱离身体的，也不是脱离社会的、孤立的。

## 推理、决策与情绪——来自脑损伤病人的证据

为了一探究竟，我们将先梳理一下历史并从一个问题谈起。早在20世纪80年代，对行为和认知的脑机制研究主要采用自上而下的方法，即把学习、语言和推理的过程看作是凌驾于身体之上的高级系统。这并不是说人们根本就没有注意到情绪，也不是说人们没有考虑不同情绪的大脑基础，而是情绪对调控行为，尤其是调节理性思维的作用几乎完全被忽视了（Damasio，1994）。情绪仿佛是一个蹒跚学步的孩子走进瓷器店里乱动置物

架上摆得整整齐齐的瓷器。这引发了一个有趣的问题：在认知居于最高统治地位的学术研究领域，额叶特定部位损伤的神经症患者的非理性行为，却无法完全用认知机制加以解释。脑中前额叶皮质（VMPF）长久损伤的患者的社会行为受损导致他们对自己行为的后果无法觉知，对他人的情绪不再敏感，也不能从错误中吸取教训。这些病人即使违反了社会规约和道德规范也不会产生羞耻感。对需要帮助的人，或曾经给予他们帮助的人，在需要他们施以援手时，他们却显得冷酷无情。

这些病人在他们生病前后简直判若两人。他们无法作出对自己有利的决定：比如，原本还是诚实正直、值得信赖、有头脑的公民，患病后常常做出损害自己、连累家人的傻事。他们虽不乏工作技能，却无法胜任本职工作；明知做生意要亏本还会孤注一掷，让自己倾家荡产；他们会选择不合适的伴侣或伙伴。为什么社会行为受损的病人无法作出合理的决策，比如生意上不当的投资？

传统的解释认为，这些病人的逻辑思维能力或认知能力出现了问题，导致他们不再能做出合理的决策。但仔细研究发现，这些病人在知识、知识的学习或逻辑推理方面与大脑受损前并无二致。相反，在有关社会规约和逻辑规则等方面，他们能说得头头是道，貌似不应出现行为和对未来规划不符的问题。他们并无传统意义上的无知和智力低下的问题，而是他们的情绪世界出现了差错。这不仅包括无法对别人的情绪产生共鸣的一般性问题，也包括诸如同情、尴尬和羞耻等特定的社会情绪的损伤。由于无法将所唤起的情绪与过往的情形、抉择和后果联系起来，患者无法根据过去的经验作出恰当的选择。他们的逻辑思维和知识都完好无损,但他们无法用过去的情绪知识指导推理。他们再也不能从过去的错误决策中吸取情绪教训,或对他们的同伴作出情绪上的回应。他们无法正确推理的原因不是因为智力,而是源于情绪和社会方面的原因(Damasio,Grabowski,Frank,Galaburda & Damasio,1994;Damasio,Tranel & Damasio,1990,1991)。

回顾过去,这些患者的症状让我们初步意识到,情绪在推理和决策过程中是必不可少的。倘若大脑的某些部位受损而无法产生尴尬、同情、嫉妒或钦佩等社会情绪相关的神经和躯体事件,他们的社会行为也会受损。除此之外,更需要认识到,没有情绪的学习和由社会反馈产生的直觉的引导,决策、理性思维和从成功或失败中吸取经验教训的能力都会受损。这些患者虽然可以在实验中的标准认知和社会问题中进行符合逻辑和道德规范的推理(Saver & Damasio,1991),但在现实世界和真实条件下,他们无法利用情绪信息作出合理选择。他们再也无法通过权衡奖惩、成败,及别人的赞许和批评作出适当的决策。这些患者丧失了通过分析事件带来的情绪后果,和对这些事件的记忆分析的能力。由于他们的情绪和理性是分离的,导致推理、决策和学习能力的损坏。

这些发现跟教育有什么关系呢?除了脑损伤患者的证据外,基于心理生理学和其他脑损伤者及正常人的研究,我们提出了情绪信号在正常和异常决策中的神经机制理论(Bechara,2005;Bechara & Damasio,1997;Damasio,1996)。尽管这些神经机制和证据已超出本文的研究范围,总的来说,这些研究表明情绪并不是在瓷器店里横冲直撞、打碎和弄脏精致玻璃器皿的淘气鬼。

它们更像放置玻璃器皿的置物架，没有了情绪，认知便"皮之不存，毛将焉附"。

概而言之，这些前额叶受损的病人都存在一些社会缺陷。我们认为，这些问题的根本在于情绪出了问题，并体现在他们的决策的障碍上。这些症状之间的关系很能说明问题，即表面上看起来是在真实世界中是理性的决策和学习，其实都受到情绪的隐性调控。因此，需要注重学习中的感知和融合社会反馈。

这些关于教育的观点虽然还未得到证实，但我们还是提出了两个重要的研究假设。一是，这些研究发现强调，在将所学的知识用于指导现实世界特定环境下的决策时，情绪的作用功不可没。因此，在将学校里所学的知识和技能用于现实生活时，情绪也是不可或缺的。即情绪在帮助孩子们决定什么时候，以及如何将所学的知识用于他们今后的生活都是起着非常重要的作用。二是，通过这些患者所揭示的关于决策、情绪和社会功能之间的密切关系，为探讨生物学与文化研究的关系提供了崭新的研究视角，特别是情绪对社会和文化的影响塑造了学习、思维和行为。

除此之外，还有一些从一组最近发现的病人身上得到的有趣（当然也是不幸的）的证据，对我们理解学习、情绪和社会功能之间的生物学关系极具启发意义。这些患者的前额叶并不是成年后受损的，而是在幼年时就受损。成年后，他们的认知水平虽然达到了传统意义上的正常智力，即他们可以用逻辑推理和事实性知识解决学习中的问题。但这些聪明的孩子逐渐显现出精神病和反社会的倾向。他们无论对奖励还是惩罚都漠然视之、毫不在乎，也缺乏一般孩子渴望得到认可和社会承认的愿望。成年后，他们也无法有效管理自己的生活，整日虚度光阴、毫无节制，做一些反社会的和攻击性的危险行为。表面上看，他们与上述在成年后前额叶损伤的病人的表现几乎一样（Anderson，Bechara，Damasio，Tranel & Damasio，1999；H. Damasio，2005）。

但进一步研究发现，幼年前额叶遭受损伤的人与成年后受损的人是不同的。虽然两组病人在实验条件下的IQ测试都达到了正常值，但是幼年就受损的人似乎从未学会符合社会道德的行为规范。而成年后前额叶损伤的病人，在实验条件下仍然知道是非和对错，只是他们无法利用这种是非观指导自己的行为。童年时前额叶受损伤的病人从未学会判断是非和对错的准则，并且他们压根不知道自己违反了什么样的社会规范和道德规约。

这些患者的事例与我们的研究有什么关系呢？倘若是在幼年时期语言或负责其他认知能力的脑区受损，大脑还有可能发展出代偿性功能。然而，社会和道德行为却没有这种代偿机制。这并不是抽象意义上所谓的遵守社会规范需要完好的额叶皮质，因为成年后前额叶受损的人，他们并不缺乏抽象意义上的道德观念；也不是在负责社会道德行为的大脑中心遭受了不可逆的损伤，因为这无法解释一般情况下的决策行为。实际情况既简单又严重：早年前额叶受损的人丧失了所谓的"情绪舵"（emotional rudder），他们无法通过情绪指示判断一种境况是正面的还是负面的，因而无法掌控所面临的局面。他们因此丧失了上述的决策能力。他们对别人行为的反应冷漠、麻木，不会听从教师和周围人对他们进行的道德教育和行为教导。

但这些儿童的认知与情绪的关系以及"情绪舵"在他们学习中所起的作用都是令人着迷，等待着我们去揭开它们神秘的面纱。对于成年后前额叶受损的患者，由于他们所缺乏的并非社会和道德方面的知识，让他们完成实验室或在教学环境下的认知任务并无问题。

　　而一旦离开了实验室或学校环境，他们的社会缺陷就会显现出来。他们尽管懂得书本知识或抽象理论，但由于没有"情绪舵"的导航常常无法有效应对日常生活中的问题。这些案例表明，由于负责情绪的神经生物系统也支持一般社会交往中的决策，因而缺乏适当的社会和文化知识的孩子无法有效运用这些知识。心理学家利维·维果茨基70多年前就猜想，社会和文化功能也许是非社会决策和推理的基础，即社会行为可以看作是决策的特例，而道德观念则是社会行为的特例（详细内容可参见 A. R. Damasio，2005）。负责决策的神经系统与负责社会道德行为的分享共同的神经系统。思考和学习倘若没有适当的情绪、社会和道德加以反馈，就无法在现实社会中有效地发挥作用。

## 关于情绪与认知关系的生理学及进化的解释——从自动反应到道德、创造力、高级推理和文化

　　上述研究以及近20年来神经生物学和普通生物学的发展为人们认识情绪与认知的关系打开了新的视野。下面先简述其发展近况。让我们想象一下一只蚂蚁驮着一块食物沿着人行道爬回它的巢穴的情景。它会匆忙地爬到人行道外，避免被人踩到，然后拼命赶路。是什么让这只蚂蚁如此惜命？又是什么决定了（抑或是无意识地和自动地）它要驮着这块食物赶往它的巢穴？无疑，它驮着食物奔向巢穴，并躲避被踩死的行为都属于认知活动，也包括相当复杂的求生本能。要知道，即便是像蚂蚁这样的低等生物

的认知也包含情绪的目的，即它要保持内稳态以适应生存。简言之，蚂蚁之所以有这些躲避被踩死的行为，是因为这样能提高其生存的概率和效率（对于人类这种有意识的存在，会把效率感知为幸福和愉悦），因此，蚂蚁都会本能地做出有利于它们或其群体生存的行为。

从进化的角度看，即便是最简单的单细胞生物在其细胞核内都会有一个保证其生存和繁衍的主控制器。情绪以及一些调控行为的机制（例如，人类会感知为惩罚或奖赏、痛苦或愉悦）本质上都是有利于我们在这个复杂而充满矛盾的世界里生存、繁衍并幸福地生活。简言之，大脑是通过在各种压力和让受压迫的身体产生反射或反应而进化出应对各种问题的机制，情绪便属于这种调控手段。在简单生物身上表现为简单的方式。而随着大脑变得越来越复杂，其应对的方式也相应更复杂。高等动物和人类通过感官的加工，以及传统意义上所谓的心智对行为的控制，使得我们对世界的感知更加丰富多彩。除了满足生存和繁衍等基本需求外，人类借助想象力和发明创造，演化出思想、观念和制订计划的能力等。复杂而精巧的人类行为，以及经过教育培养出来的认知行为，其实都是通过情绪的调节才能适应在特定文化中生活（Damasio，1999）。

因此，作为决策的基本要素，情绪使人们在应对不同情况时可以选择恰当的行为和策略。认知水平越高，思想和行为所需的推理的层次也越高。随着人类社会的演化和发展，人们应对环境和人际关系的方式变得愈加复杂和精细。个人的发展和受教育的程度越高，他们的行为和认知就越有教养，表现得越得体。我们认为，教育的根本目的是培养孩子们学会建构他们自己的认知策略和行为选择，认识到所面临的情况的复杂性，从而有的放矢、灵活应变。认知与情绪的相互影响涌现出我们人类独有的艺术、科学和技术创新等创造力，以及只有人类才会发明的道德伦理观念。

童年就遭受前额叶损伤的病例表明，道德和伦理的决策是社会和情绪功能的一种特殊情况。同情心和社会平等的观念只是粗浅地存在于非人的灵长类动物中，并产生了利他主义的萌芽（Damasio，2003；Hauser，2006），而人类的认知和情绪能力远比其他动物发达。我们既创造了非凡卓越的成就，也制造了罪孽深重的灾难。人类的道德伦理恰恰表明，我们能够超越先天的机会主义和唯利是图的原始本能；高尚的行为恰恰表现在能克制即时满足的欲望，并主动放弃眼前的利益和个人的私利，选择被特定文化普遍认可的正义与善良。因此，高尚的决策代表了人类认知和情绪达到的高度。在特定文化中，高尚的决策与情绪、高级的推理、创造力、社会功能等紧密交织在一起（Gardner，Csikszentmihly & Damon，2001）。

让我们再回到蚂蚁的例子。举这个例子并不是要说明人类的情绪跟蚂蚁是一回事，也不是说人类的行为可以还原为在特定环境下无意识的简单反应。当然，我们不否认人类的某些行为和情绪具有这种特质，但把还原论用到教育上无疑是大错特错的。我们想说明的是，人类的决策、行动、思想和创造力虽然远远超越了为了生存而保持内稳态的水平，但还是摆脱不了情绪的如影随形。

此外，从前额叶受损的病人的表现可见，为了识别和回应复杂的情绪，产生了创造力。而创造力的产生需要以情绪和社会关系为基础。如前所述,应对复杂情况的能力既受特定文化环境的塑造和评价,又需要情绪的参与。无论思想和创造力多么复杂与深奥,我们的行为和认知都离不开情绪。从神经生物学和进化论的角度看,创造力不过是人类为了适应特定社会和文化环境的手段。由于高级推理、伦理和创造力都与情绪和教育息息相关,并且在神经生物学意义上,它们都与情绪有关,我们阐述它们之间的关系是为了给学校的教育提供一个崭新而更加有益的视角。

## 情绪思维——建构基于证据的研究框架

在人类的活动中,认知与情绪通常是密不可分的。尽管在研究学生的学习和发展中有必要将这两者区分开来(Fischer & Bidell,1998),但过于强调它们的区别会抹杀情绪在认知和感觉加工中的重要作用。教育中最重要的认知能力包括学习能力、注意力、记忆力、决策能力、学习动机和社会功能等。它们不仅都受到情绪的巨大影响,而且这些认知能力原本应当归入情绪加工的范畴。情绪包含能感知情绪的触动,即无论是在真实还是想象的情境下都能触发情绪,并引起一系列身心变化的生理事件(Damasio,1994)。思想的变化,诸如全神贯注、唤起记忆、将事件与其后果联系起来的联想学习等都是教育中值得重视的问题。不可否认理性思维和逻辑推理的存在,但它们其实也离不开情绪的参与。因为在现实世界中,理性和逻辑推理离开了情绪就无法得到有效的、合理的运用。情绪所发挥的作用就是把理性导向与当前境况或问题关联起来的知识。

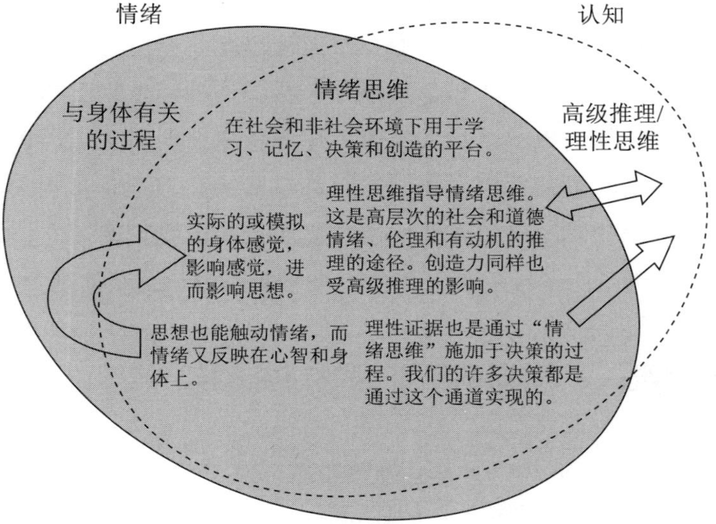

```
          情绪                    认知
     ┌─────────────────────┐
    ╱   与身体有关  情绪思维   ╲
   ╱    的过程   在社会和非社会环境下用于学   高级推理/
  │              习、记忆、决策和创造的平台。  理性思维
  │                                      │
  │         实际的或模拟  理性思维指导情绪思维。
  │         的身体感觉，  这是高层次的社会和道德
  │         影响感觉，进  情绪、伦理和有动机的推
  │         而影响思想。  理的途径。创造力同样也
  │                      受高级推理的影响。
  │         思想也能触动情绪，而  理性证据也是通过"情
  │         情绪又反映在心智和身  绪思维"施加于决策的过
   ╲       体上。                程。我们的许多决策都是
    ╲                            通过这个通道实现的。
     └─────────────────────┘
```

图 1.1　认知和情绪的关系

图 1.1 是我们关于认知与情绪关系的神经学描述。我们用"情绪思维"这个术语说明认知与情绪大部分是重叠的。在社会和非社会环境下的学习、记忆和决策过程都涉及情绪思维。只有在情绪思维的平台上，通过对复杂问题和境况的精细识别和灵活应变才能迸发出创造力。创造性的识别和反应又受理性思维和高级推理的引领。在我们的模型中，识别和反应过程类似于皮亚杰（1936/1952，1937/1954）提出的同化和顺应的概念。不过，皮亚杰只关注认知和逻辑的发展。虽然他承认情绪在儿童发展中的作用（Piaget，1953—1954/1981），但他并没有意识到情绪在认知和逻辑发展中的决定性作用。

从图 1.1 中可见，高级推理和理性思维在社会道德情绪和道德伦理的决策中发挥着十分重要的作用。在用理性证据和知识进

行有动机的推理时,情绪性思维同样发挥着举足轻重的作用。此外,理性作用于情绪思维,便产生了道德决策,让我们对善恶拥有直觉的判断(Greene, Nystrom, Engell, Darley& Cohen, 2004; Green, Sommerville, Nystrom, Darley& Cohen, 2001; Haidt, 2001)。例如,实验证据表明,人们可以不经过意识加工迅速断定乱伦是否符合道德,之后才会对他们的判断给出理由(Haidt, 2001)。而诸如一个国家是否应该参战等更加复杂的道德难题,则需要大量的理性论证。

在图 1.1 的左边是情绪的身体方面,它代表从情绪思维到身体,然后从身体到情绪思维构成的环路。其中,情绪思维既可能是有意识的,也可能是无意识的,并以紧张或放松骨骼肌,或引起心率变化等方式改变身体状态。相应地,实际的身体变化或模拟的身体变化会有意或无意地影响我们的感受,并进而影响我们的思维(模拟身体感受是指,有时我们只用想象身体的变化就足以影响心理感受。比如我们只用想象握紧拳头,就会影响我们的心理感受和思想,而不需要真正地紧握拳头)。一个国家在决定是否参战时,既需要理性的缜密思考,又会产生义愤、激昂等高级的社会情绪,人们还会握紧拳头、心跳加快,或产生食欲不振等身体反应。对这些身体状态有意识或无意识的感受会引导注意和记忆等的认知偏向,比如主张发动侵略。当然,实际结果可能只是引起朋友之间一场与战争无关的争论,或绘制一幅色调阴郁、充满愤怒的抽象画,或仅仅是情绪上的紧张。

除了以上证据,对身体、情绪和认知之间关系的证据主要来自神经生物学和心理生理学的研究。情绪既可能直接产生于环境的刺激,也可能间接来自思考或记忆,即它们都会引起心理变化和生理效应。人们产生喜怒哀乐的情绪时,与内感受(感受身体状态)相关的脑区会特别活跃(Damasio et al., 2000)。

总而言之,我们提出此模型不是为了贬低已有的认知与情绪的理论,而是希望对认知与情绪的关系给出生物学的解释。还需要强调,它们之间的相互影响给教学带来的启示,包括对学习、记忆、决策和创造力,以及高级推理和理性思维的启示。认知与情绪的关系也包括心智与身体的相互作用。

## 对教育的启示——期待更深入的研究

在对儿童的教育中,人们往往过于关注如何培养他们的逻辑推理能力和事实性的知识,并将这些能力视为教育成功的标志。然而,这种观念存在两大误区:一是,尽管有些知识会浓缩为相对理性的、无情绪的样态,但学习和记忆形成的过程并不是完全无情绪的、纯粹理性的。二是,在教学过程中,教师在课程设置和教学环节中经常尽量避免或降低涉及情绪的内容,导致学生们所学的知识难以学以致用。正如前额叶受损的病人(包括幼年时受损和成年后受损的)那样,知识和推理能力脱离了情绪,便使得学习缺少了意义和动力。这对他们今后走向社会是十分不利的,因为仅仅掌握书本知识并不能保证他们今后走出校园后能成为优秀的人才。

近年来的情绪神经生物学的发展表明,在现实世界中,认知需要情绪的调控。此外,人们的思想和感受受到社会文化环境的评价,从而有助于他们在社会关系中而不仅仅是机会主义的世界里生存和繁荣发展。尽管把学习看成是在特定文化环境的产物的观点也不是什么新鲜的思想（Tomasello，Carpenter，Call，Behne & Moll，2005），但我们希望这些来自神经生物学的新视角会帮助我们厘清情绪、认知、决策和社会功能之间的关系。教育学家们早就认识到，仅让学生们掌握传统意义上的知识和逻辑推理能力远远不够，还必须让他们能将这些能力和知识有的放矢地运用到具体实践中去。而选择离不开情绪和感性思维，情绪的生理反应和心理感受就是我们学习的方式、巩固知识的方式，以及使用知识的方式的体现。教育者若能更加透彻地理解情绪与认知的关系，就能更好地在他们的教学环节中把握这两者的关系。

总之，关于情绪在认知中的必要性的新的神经生物学证据对于教育科学和教学实践的创新具有重要意义。神经生物学为研究认知与情绪之间关系的科研工作者开辟了新的研究方向和教学方法。这既为今后的研究提供了约束条件，又可以产生新的假设和新的研究方向。正如神经科学已经为其他教育相关的话题和问题提供启示与参考（Goswami，2006）一样，对情绪、创造力和文化的研究将有助于神经科学家、心理学家和教育学家开展跨学科合作。我们人类既无法脱离我们的生物属性，也不能忽视人类所特有的社会文化能力和认知能力。正是这些能力，使我们在动物王国中成为万物之灵。教育工作者如果不能认识到情绪对学习的重要性，就忽视了学生学习过程中的一个至关重要的因素。甚至可以说，他们根本就不懂学生为什么要学习。

# 第二章

## "休息并非懒惰"——大脑默认模式对发展和教育的启示

玛丽·海伦·爱莫迪诺-杨 乔安娜·A.克里斯托多罗和凡妮莎·辛格

**本章概要**：本章源于我们首次报告的一个有趣的发现。当一个人产生钦佩和同情的情绪时会激活大脑系统。而这两种认知上比较复杂的抽象情绪对身份认同感和道德感的发展至关重要。该研究的数据（Immordino-Yang，McColl，Damasio & Damasio，2009）揭示了脑背侧深处一部分脑区（称为下部/后部后内侧皮质）具有更精细的功能划分。在上述脑区的神经网络中，这些情绪依赖于对内在自我的关注而非专注于外部世界。因为在人们专注于外部世界或专注于短期的、目标导向的任务时，这个脑区的活动就会被抑制。这一发现让我们不禁思考，儿童或青少年时期，让他们持续专注于目标导向的活动，而没有充足的休息时间和做白日梦是否会阻碍他们的健康成长——正如本章标题，来自约翰·拉伯克斯（John Lubbocks）《生命之用》（*the Use of Life*）（1894年）一文中提到的那样。我们特别想知道，只专注于眼前的目标而没有闲暇做白日梦，是否会破坏复杂的道德情感和进行抽象的、个人的和社会情感的思考能力，以及从长远的目标来解读当前决定和行为的能力。

临床医师和教师经常讨论"停工时间"的益处，并反思自己过去的经历和思考对未来的决定。例如，许多体验式教育课程强调内省时间的重要性，干预和传授沉思和正念技巧的疗法不仅对改善社会和情绪功能大有裨益（Casel, 2007; Cohen, 2006; Semple, Lee, Rosa & Miller, 2010），还能提高学术成就（Brackett, Rivers, Reyes & Salovey, 2012）。原因何在呢？发展、临床和教育心理学家怎样能更好地概念化人类发展中的线下（offline）思维和反思过程呢？相反，研究人员该如何以新的方式思考需要高度注意的环境对学习和社会心理发展的影响呢？这些环境包括娱乐媒体、城市环境里的挑战或学校的课堂环境。

新的关于大脑功能的理念认为，负责对周围环境保持和集中注意力的神经网络与大脑默认模式（DM）之间是相互切换的。这种默认模式往往在休息、做白日梦和其他无须专注却仍然处于清醒状态时会自然诱发出来（Smallwood, Obonsawin & Heim, 2003）。来自社会和情绪神经科学的研究证据表明，让大脑默认模式功能保持活力是非常重要的。这是因为，专注于内在心理加工，比如涉及自我意识和反思的任务、回忆个人的经历、畅想未来、感受社会情境对他人心理的影响和构建道德判断等方面都需要用到默认模式的脑功能（Buckner，Andrews-Hanna & Schacter，2008；Buckner & Carroll，2007；Gilbert & Wilson，2007；Spreng & Grady，2010；Spreng，Mar & Kim，2009）。虽然每个人的大脑默认模式的神经联结存在个体差异，许多研究都几乎一致表明，但当人们处于休息状态，不再将注意力集中于外界，那些具有更强默认模式神经联结的人的发散思维能力、阅读理解能力和记忆力更强（Li et al.，2009；Song et al.，2009；van den Heuvel，Stam，Kahn & Hulshoff Pol，2009；Wig et al.，2008）。总之，这些发现导致了大脑"静息"功能这一新的神经科学概念的产生。即当一个人注意力不是专注于外部时，神经开始加工与自我和社会有关的信息，思想超越了具体的、语义的表征。事实上，大脑监控任务导向和非任务导向（换言之，专注外部和专注内部）的功能都是非常重要的心理功能维度。这些研究发现还提示，儿童如果没有足够的时间玩耍，青少年如果没有充足的时间安静地反思和做白日梦都会导致不良结果——这既会有损他们的幸福感，也会影响他们的专注力。

尽管这些研究给我们带来一些潜在的启示，但很多心理科学家和教育学家都没有意识到或低估了这些神经科学的发现。那些对发展和教育感兴趣的认知神经科学家，他们的兴趣主要还是集中于研究完成即时的任务和当学习者注意力不集中（走神）时对完成任务带来的负面影响上（例如，Kane 等，2007；McVay & Kane，2010；Smallwood，Beach，Schooler & Handy，2008；Smallwood，Fishman & Schooler，2007）。因此，本章首先介绍心理科学家关于大脑和心智在走神时的功能状况的最新研究情况；其次，对专注于外部的学校教育以及休闲环境对儿童和青少年的社会情绪发展的影响的相关研究进行整合的基础上，提出一个初步的假设；再次，把这一假设与当前的教育与发展心理研究的结果进行有机结合，建构一个初步的模型，以展示神经科学的研究发现对心理学研究的作用；最后，积极推进教育实践，倡导让儿童在外求与内省之间保持良好的平衡。本章的总前提是：虽然做白日梦和不专注、走神会暂时导致成绩欠佳，但从长远来看，适当地神游遐想或许对健康成长和学习是有益的。

## 外求与内观——两种互补脑网络的发现

过去几十年的神经科学研究表明，与早期理论不同，注意不是全脑的一般特性，而是特定神经网络的产物，它会参与到各种认知加工中。这几十年的研究将注意区分为三个不同的方面，用于监控和回应周围环境，以及把心智集中于来自外界的刺激，它们分别是：警觉、定向和执行控制（参见 Corbetta & Shulman，2002；Fan, McCandliss, Sommer, Raz & Posner, 2002；Posner & Petersen, 1990）。这三项功能都主要依靠外侧额叶和顶叶区域，它们对认知发展和提高儿童的那些需要专注力的认知技能和学业成绩等方面的学习都非常重要（Posner & Rothbart, 2005；Smallwood 等人, 2007；Stevens, Lauinger & Neville, 2009）。

然而，大脑在没有从事专注的、目标导向型的任务时又在干什么呢？关于大脑功能的最新理论表明，上述注意网络只是大脑执行网络的一部分。实际上，大脑有两种系统是交替切换。其中一个是"任务+"（task positive）：它主要承担目标导向的任务，关注外界，并评估外部刺激的显著度（Seeley 等，2007）。这个网络支持我们所谓的"外求"(looking out)系统。另一个被称为"任务－"(task negative)或"静息"网络,它涉及大脑"默认模式"的工作(Buckner&Vincent,2007;Raichleet et al.,2001)。该网络主要包括大脑的中线结构、顶叶和额叶的区域,以及顶叶下部和颞叶中部的侧向区域(参见图2.1)。在神经影像实验中发现,这些区域在被动的静息状态下(Greicius,Krasnow,Reiss & Menon,2003)表现得很活跃。例如,要求参与者盯着他们视野中心的加号看几分钟,之后可以睁开或闭上眼睛,让精神放松。我们称为"内观"(looking in)系统(关于命名的注意事项:我们用网络一词是指激活时互相协作的脑区。我们用系统一词描述由脑"网络"支持的彼此相关的心理能力)。

过去十年的神经科学研究表明,大脑不同网络之间是此消彼长的关系,即当一个网络投入的工作越多时,另一个网络的工作量则越少(Espositoet et al.,2006;Foxet et al.,2005)。这种网络之间的切换反映了从监控外部、聚焦于目标导向型的活动(外求)到更加自由的、内观的、无须外部刺激的精神状态的转变(内观:参见 Brown,Baird & Schooler,2011,相关论证)。最近的研究表明,随着大脑从幼年到成年逐渐发育成熟,这些网络之间切换的效率和协调性也会逐渐提高(Fair et al.,2008),但是这个功能组织的基础在童年时期(Supekar et al.,2010;Thomason et al.,2008)、婴儿期,甚至可能在胎儿期就出现了(Doria 等,2010;Franssonet et al,2007;Fransson,Aden,Blennow & Lagercrantz,2011)。

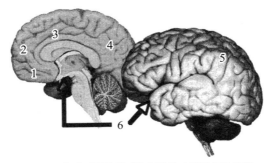

图 2.1 构成"默认模式"网络的主要脑区的概貌

所列出的"默认模式"脑区在清醒的"静息态"时更为活跃,并且相互协调配合。所描述的区域还涉及许多其他功能,包括各种认知关联功能、内稳态调节和躯体感觉功能,特别是对于体内环境(即"内脏")的感知功能。上图左边的是大脑的前面的图像;左脑和右脑分开以便能看到中间的部分。需要注意的是,这些脑区不能说是"做"那些功能,而是与这些功能"发生关联",以便在复杂的网络区域中发挥重要作用,执行那些功能。

1. 腹内侧前额叶皮层(vmPFC):诱导社会情绪;无意识诱导体征反应,如与风险意识相关的皮肤出汗;调节自主神经系统的副交感神经分支(对平复心率很重要)。

2. 背内侧前额叶皮层(dmPFC):通过与他人的比较形成对自我的表征;预测自我和他人的社会互动的情绪后果;判断心理和情绪的特质;对他人的精神状态产生的情绪感受。

3. 前扣带中间皮层(ACC):皮质中的连接"中枢";与感受肠胃和内脏的躯体感觉区紧密相连;对错误的监控、情绪和共情,感受身体疼痛和社会心理的痛苦,调节自主神经系统中的交感神经(对心率激活和唤醒很重要)。

4. 后内皮层(PMC):皮质中最核心的连接"中枢";整合内脏肠道生理状态的高级表征;建立自我意识的主观感觉;激活社会情绪、道德决策、情景记忆检索;包含涉及注意力监测/切换和信息整合的背后扣带皮质(dPCC)。

5. 顶下小叶(IPL):参与成功的情景记忆检索;同时共情地模仿别人的观点和别人的行为目标。

6. 海马(在颞叶下方蜷曲的海马形状的脑区,在此图中不明显)长期记忆的形成和回忆;信息的巩固。

另外，支持"内观"和"外求"系统的神经网络似乎是相互依赖、互相调节的——无论是在某一时刻还是从长期来看，由一种功能的状态就能预测另一种功能。神经科学研究表明，静息状态下大脑的"默认模式"状态不仅会影响随后的专注于外界任务的神经和行为反应的质量，还会影响无论是瞬时的还是长期刺激的感知、注意和目标导向的认知在大脑状态之间的互补切换（参见 Northoff，Duncan & Hayes，2010，综述；另见 Spreng，Stevens，Chamberlain，Gilmore & Schacter，2010）。例如，在静息时"默认模式"区域会更加活跃。而当注意力集中在图像和声音上时，默认模式就不再活跃，比如，在呈现图像和声音时，感觉皮质的大脑区域会变得更加活跃（Greicius & Menon，2004）。历史研究也表明，虽然成年人的默认模式在静息状态时相对比较稳定，但不同成年人的"默认模式"的联结强度存在个体差异（Beason-Held，Kraut & Resnick，2009），通过内省训练（例如冥想）可以改变"默认模式"区域网络的功能，并提高持续专注的技能（例如，Brefczynski-Lewis，Lutz，Schaefer，Levinson & Davidson，2007；Brewer et al.，2012；Chiesa，Calati，Serretti，2010；Holzel et al.，2007；Jha，Krompinger，&Baime，2007；Tang et al.，2007）。

## 社会情绪功能中的个体差异

大脑在"默认模式"与关注外界的活动之间切换的效率，以及在静息状态下默认模式脑区的功能联结似乎都与神经和心理的健康密切相关，尤其是与社会和情绪功能方面的关系更为密切。

"默认模式"功能的异常与精神分裂症中表现出来的社会情绪症状（Whitfield-Gabrieli 等，2009）、自闭症（Cherkassky, Kana, Keller & Just, 2006; Kennedy, Redcay & Courchesne, 2006）、注意缺陷障碍（Castellanos et al, 2008; Tomasi&Volkow, 2012; Uddin et al., 2008）、焦虑症（Etkin, Prater, Schatzberg, Menon & Greicius, 2009; Zhao et al., 2007）、抑郁症（Greicius 等，2007）等存在一些相关性。这些人群中"默认模式"功能的差异似乎与精神紊乱的标志性症状表现一致。例如，自闭症患者在静息状态下，他们大脑的"默认模式"脑区之间功能联结水平偏低；据认为，这种结果反映了他们在社会、心理思维和情绪等方面能力的匮乏（Kennedy&Courchesne, 2008）。相反，精神分裂症患者将注意向外聚焦时，他们的"默认模式"网络则过度活跃，且联结过强（Bluhm 等，2007; Garrity 等，2007; Zhou 等，2007）；这种模式或许是因为精神分裂症患者对外部环境过度警觉、过度思考，并模糊了自我和他人思想的边界而产生的精神障碍（Whitfield-Gabrieli et al., 2009）。

## 认知功能的个体差异

一些新的、有趣的证据表明，无论是"静息状态"下的默认模式功能，还是在任务状态下的大脑工作模式都与标准智商测试的相关指标，包括阅读和记忆能力，以及对注意力要求很高的认知任务有着密切的关系。例如，研究发现高智商的人在功能性磁共振成像扫描中，其静息状态下的默认模式的神经联结，尤其是长程联结要明显强于普通智商的人（Li et al., 2009; Song et al.，2009）。重要的并不是有关于默认模式脑区域的激活数量，而是默认模式脑区域间的功能协调和"对话"的范围。高智商的参与者处于"静息"状态时，他们的额叶与顶叶之间的默认模式区域之间有更高效的交流和协作，这表明他们有更强的将碎片化的信息整合起来的认知能力（van den Heuvel et al.，2009）。

对阅读能力和记忆力的研究显示，它们与"默认模式"和"专注模式"这两种互补网络间的有效切换相关。对关于阅读的研究中发现，成年人在静息状态下的默认模式与负责阅读的脑区（在左梭状回，不属于默认模式）之间有更清晰的分工，而在8～14岁，这种功能划分尚未成熟（Koyama et al.，2011）。对记忆的研究表明，长期记忆力越好的人，他们的默认模式区中负责编码和回忆的功能区，即从简单认知任务过渡到到静息状态时，海马和海马旁回这些脑区的活跃度越低（Wig et al.，2008）。在需要专注于外部的任务中，如果无法降低后中皮质这一默认模式脑区的激活，这与老年人的记忆衰退有关（Miller et al.，2008）。

最后，在处理需要专注于外部的任务时，迅速下调默认模式的网络激活量，可以预测实时的认知水平。例如，在一项通过植入大脑深处电极记录简单和复杂视觉搜索任务的实验中，如果所加工的任务越复杂，默认模式网络越被抑制，则该被试的成绩就越好（Ossandon et al.，2011）。

总之，虽然目前对有关发展和教育的注意研究主要聚焦于"外求"（专注于外界），例如，儿童是否具备滤除干扰分心的影响而专注于任务的能力（Posner & Rothbart，2005；Rueda，Rothbart，McCandliss，Saccomanno & Posner，2005）。而本文综述的神经系统科学研究的结果表明：（1）与"外求"相关联的神经加工的质量与"内观"相关联的神经加工的质量，以及个体在这两种状态之间切换的能力有着密不可分的关系。（2）在"内观"状态下神经加工的质量与社会情绪功能，以及超越眼前和当下的思想维度有关。然而，这些研究发现对在学校这种自然环境中的心理发展有什么启示，至今尚未得到研究。下一节将概要介绍与成年人的默认加工模式有关的心理运算，目的是在心理学家之间展开一场关于走神分心的思维维度及其对教育的启示的对话。我们聚焦于社会情绪功能，旨在强调专注式的思考状态与放松休闲时的思想状态之间是相互依赖的关系。

## 大脑"休息"时究竟在干什么？记忆、展望、情绪和对"自我"思考

人们都清楚，当他们从专注于外部的任务中解脱出来后，他们的头脑并没有闲着——相反，他们可能会陷入天马行空的遐想，回忆过往，构想未来，还会思考和想象各种有关个人和社会的事情（Andreasen et al., 1995；Smallwood & Schooler, 2006）。因此，毫不奇怪即便在静息状态下进行神经成像扫描，大脑的某些区域仍然保持着高度的活跃。即使没有专注于外部事物，头脑也不会闲着——相反，当警觉程度下降时，我们才有机会让思绪远离当下的外部世界去遨游，只需保持足够的注意力执行自动化的行为和监控周围，以便能随时中断自己的白日梦，这样可以让自己完全沉浸在思考、幻想和对社会和自我的追忆中。

有趣的是，除了用 fMRI 研究非目标导向，比如静息状态时的默认模式激活的研究外，也有越来越多的神经影像研究报

道关于自省、社会情绪和自我参照加工或模仿的相关研究。例如，默认模式区域的激活可能激活对一个罹患癌症的年轻母亲的同情，和被她与癌症作斗争的决心所打动的情绪（Immordino-Yang，McColl，Damasio & Damasio，2009）。想象某一天你一觉醒来，发现自己变成了另一种性别，你会怎么想呢？（Tamir & Mitchell，2011）；评价一个道德情景，比如描述一下你如何对待一个战俘（Harrison et al.，2008）或回忆你的一段亲身经历（参照 Wagner，Shannon，Kahn & Buckner，2005）。

　　需要注意的是，当选取认知视角或传统的心智理论的那些功能，以及一些具体和近在眼前的社会问题给予社会和认知方面的评价时，往往与默认模式的脑区没有什么关系（参见 Waytz & Mitchell 在 2011 年曾提出过相关观点）。相反，默认模式区域并不常出现在加工一个人记忆中的事实性知识，也不对另一个人的知识状态进行演绎推理，而是更多对本人和他人的知识状态进行抽象的、社会情感和道德上的感悟和启迪。例如，曾有几项研究表明，背内侧前额叶与评价自己，或对自己重要的人的心理特质和情绪特质有关（Blakemore & Frith，2004；Jenkins & Mitchell，2011；Kelley et al.，2002；Kitayama & Park，2010；Mitchell，Banaji & Macrae，2005；Northoff et al.，2006），这适用于某一种族在比较圈子内和圈子外时产生的效果（Mathur，Harada & Chiao，2012），也适用于自我依赖型和自我独立型的文化概念的情况（Markus & Kitayama，1991；Harada，Li & Chiao，2010）。后内侧皮质中下部 / 后部的区域是默认模式网络的连接枢纽（Hagmann et al.，2008），该区域与自我意识（Buckner et al.，2008）和自传性自我（Damasio

& Meyer，2009）有关，并且始终在情景记忆和个人记忆的提取（Wagner et al.，2005；Immordino-Yang & Singh，2013）、白日梦（Christoff，Gor-don，Smallwood，Smith & Schooler，2009）、道德判断的任务（Greene，Sommerville，Nystrom，Darley & Cohen，2001）和对他人心态及境况产生的社会情感，例如钦佩一个人对于弱者的慷慨解囊或对痛失挚爱亲人深表同情（Immordino-Yang et al.，2009）。相反，那些只是要求简单识别面部表情或是对某人精彩表演及身体受伤做出情绪反应的任务，都与此网络无关（实际上，由于这些任务需要把注意力投向外部，还会抑制它的激活）（Immodino-Yang et al.，2009；Sreenivas，Boehm & Linden，2012）。

综上所述，我们发现大脑默认模式的脑区专门负责加工与心理、情绪和对自我及他人的主观感受相关的抽象信息。无论这些抽象信息是关于日常生活的，还是关于更复杂的道德、社会情绪、规划未来和回顾过往的信息。它包含的内容必定是宽广的——毕竟，默认模式的激活涵盖了我们一半的思想呢！我们说这些是为了给心理科学家们提供一个新的思考维度，即与那些需要高度专注的任务相比 [ 比如，对物理环境的感知和保持警觉、对特定境况相关的任务的认知加工、运动控制和动作的协调、对社会情绪刺激的感知（但不去思考其深刻的意义），或回忆语义或事实性的信息 ]，我们还拥有走神分心的认知维度。意识到这两种维度的差别有着十分重要的意义。我们对支持默认模式脑区的大脑功能的了解还远不及对专注于外界的脑功能多，尤其是对监控系统和对内观和外求之间如何切换的研究还知之甚少。我们希望能进一步提炼这些神经科学的研究发现，为拓展它的适用范围提供一个起点。下一节将以这些思想为基础,探讨自然状态下的案例,以期提出更有针对性的关于心智发展的假说。

## 社会学习中一个自发的"内观"的案例

研究对象是一位名叫约翰的大学生,我们对他进行了一对一的社会情绪诱导采访。我们给他讲述了一个能够诱发同情心的真实故事。故事的主人公是一名从小生长在中国一个工业小城的小男孩。当时正值中国经济困难时期,他常因没有足够的食物而挨饿,男孩的父亲在他出生后不久就撒手人寰了,只能依靠母亲起早贪黑地做苦工来勉强度日。约翰看到的是这样的一段视频:男孩的母亲正在讲述她在一个寒冬的下午从地上捡到一枚硬币,然后她用这枚硬币给男孩买了几个热气腾腾的烧饼。男孩在学校一天都没有吃东西了。母亲说,她儿子虽然饿得头昏眼花,但还是给她留了一个烧饼。她却谎称自己已经吃过了。视频结束时,实验人员问约翰,看了这段视频后有什么感受,他是这样回答的:

这个来自实验的真实故事深深地打动了我。我难以用语言形容,但我已经感觉到自己身体的变化,就好像胸口下有一个气球在不断地膨胀和窜动。我不知道怎么描述,也许是深深触动的标志吧。(停顿)母亲的无私……孩子这么小就那么懂事。面对这么好吃的烧饼,小男孩还想到要给母亲留一个……而母亲却拒绝了。(较长时间停顿)这让我不禁想到了自己的父母。他们无私的付出,而我却从未想过回报,实在太惭愧了!我今后要报答我的父母。(节选自 Immordino-Yang,2011)

从约翰的回答中，可以看出其中隐藏着一个共同的模式。即对一个社会情境的复杂反应，人们往往会先报告他们的情绪感受，比如感动、打动，有时还伴随着内脏的感觉（"就好像胸口下有个气球……窜动"）。虽然约翰并不太清楚他究竟是什么样的情绪（比如，他说"我难以用语言形容自己的感受"），但他还是能基于对生理"信号"的感受体验到这个故事带给他的情绪的力量。而且，当约翰简单回顾了故事中的情节（谁给谁吃了什么）和这些故事情节的意义（因为食物匮乏时，能与人分享自己的食物就代表无私的品德）之后，他停顿了一会儿。好像暂时从自己与实验人员的访谈中抽离了出来，茫然地盯着自己的膝盖。然后，他就自然而然地讲述他与自己父母的关系。通过对这个男孩的情绪意义评价，约翰似乎开始懂得要关爱自己的父母了。

这个例子和我们的研究有什么关系呢？约翰对这个感人的故事的反应，很好地诠释了新的洞察力和理解是怎样主动地、动态地构建出来的（Fischer & Bidell，2006；Fischer & Immordino-Yang，2002）——学习者努力把已有的知识和工作融合到新的信息中，解读当下境况的意义。同时，这个例子也体现了停下来深思的价值——从具体的、行为导向的、依赖语境的细节（了解发生了什么及其背后的原因）到建构自己独特的、更广阔、更深远的意义（在约翰的例子中，故事主人公的行为背后的心思，以后如何解读他的心思，使得他能深刻领悟到父母对自己的无私付出）。有趣的是，我们的神经实验数据支持了约翰在叙述中的停顿是大脑处于默认模式加工中的行为表现。我们对数据的分析表明，参与者在采访中因沉思而停顿的次数越多，他们回答时的思想越抽象，也越复杂（即识解问题的层次越高；fMRI扫描时发现，他们对情绪的感受会更频繁地激活大脑的默认模式，并且参与者在静息状态下，他们的默认模式的脑区联结也越强）（Immordino-Yang, M.H., Yang, X., Pavarini, G. & Schnall, 2013）。

下一节，我们将讨论这些研究发现对学生发展的两点启示。第一点启示：花费时间培养一个人内省的技能对情绪学习和增加个人的幸福感是有益的；第二点启示：我们认为过度引导儿童和青少年把注意力投入到关注外部世界，可能会损害他们对境况、信息、记忆和自我进行抽象的、道德的和社会情绪的思考能力。换言之，我们提出这样一个假设，即总是要求孩子们无论在学校还是在娱乐活动中，或是在平时的生活中都保持高度的专注和紧张，可能会剥夺他们深入思考问题的能力。他们只会想"发生了什么"或"该怎么办"，而不是思考"这个世界对我意味着什么，我该如何度过我的一生"。比如，会让青少年只知道崇拜运动员的技巧，而不会去敬佩一位民权斗士的坚忍不拔、顽强不屈的精神。

## 研究发现对教育的启示——提出健康的心理发展需要有内观的机会和技能的假设

大脑默认模式实验带给我们这样一个启示，即大脑似乎能够区分两类信息的加工：一类是具体的、物理的、当下的、事实和步骤性的；另一类则是关乎精神的、假设性的、长远眼光的和启发式的抽象信息。鉴于抽象的社会情感和假设性的情形可能与"内观"系统有关，我们假设，这类思考能力很容易被外界的干扰所破坏，尤其是当对注意力的监控尚未发育成熟时更是如此。如果上述实验者在约翰思考问题的过程中打断他的思绪，他会从那个故事跳跃到思考他自己与父母关系上去吗？如果在约翰的成长环境中，没有时间让他安安心心地进行内省，他是否已经丧失了充分发展这种能力的机会？对这些问题我们尚无答案。不过，越来越多的神经科学实验证据表明，这一猜想应当是有道理的：有能力反思和建构自我的意义很大程度上取决于默认模式的大脑网络所支持的心理功能。而如果环境对专注力的要求过高，孩子们没有时间和精力反思和建构自我，那么他们的这种能力也会大打折扣。

## 神经科学与教育的初步融合

虽然关于学习和成就的教育学方面的研究尚未向注重内省、内观的方向上引导，但有证据显示，培养内观、自我指向的学校教育对学生们今后社会情绪的幸福感以及学习能力都大有裨益（Yeager & Walton，2011；Immordinao-Yang & Sylvan，2010）。比如，在考试前，可以鼓励高中生写一篇周记，记录这次考试成绩将对他们人生意味着什么，可以减轻他们的焦虑情绪，并能发挥得更好（Ramirez & Beilock，2011）。同样，研究发现，怀着对未来美好的憧憬，并把这些憧憬与当下的行为选择联系在一起，会大大提升学生的学业成绩，增加他们学习的动力（Oyserman，Terry & Bybee，2002）。不过，这些活动是否有效还取决于他们对自身经历的主观解读（Hatcher & Bringel，1997；Oyeserman & Destin，2010）。通过教小学生学习"思想放空"，即让他们排除杂念和干扰，反思和评估他们的记忆和感受，设想一个理想的"自我"，并制订一个适当的计划，会有利于增加他们的情绪健康、自信心并提高学习成绩（Brackettet et al.，2012）。

总之，比起那些控制性的、不考虑社会情绪的干预，这些干预措施更能提高学生的学业成绩。部分原因是这些措施考虑了许多神经心理学的因素，能最大限度地赋予环境以情感意义，并将这些意义与个人记忆相关联，然后设计一个更加美好的未来行动蓝图。当然，这并不是让老师对学生放任自流，在该学习的时候让学生沉浸在那些无关紧要、漫天边际的遐想上。无疑，这会降低学习的效率（Smallwood 等，2007）。尽管如此，对默认模式的研究综述表明，要想让学生高效率地专注于任务，他们也需要掌握一定的技巧，并需要有机会对知识进行高质量的巩固。神经学和心理学研究证据表明，"内观"和"外求"的思维是互相依存的。给学生们提供足够的机会适当从外求型的学习转向高质量的内省，对增加他们的幸福感和提升他们的学习效果都是十分重要的。因为促进"外求"与"内观"之间平衡发展有助于引导学生有效地协调这两个互补网络的功能，让教师了解不专心与进入反思、深思的区别，以便尽量提高学生的成绩。换言之，在学校，为学生提供关注自我的学习空间有利于他们掌控自己的学习过程和效果，全方位提升自主学习的能力。

## 过度使用社交媒体的影响的最新证据

近年来，数字媒体通信和娱乐的方式在年轻人中日益盛行，发信息已成为发达国家年轻人之间最主要的交友方式（皮尤研究中心，2010；Smith 2011）。这种技术的应用引发了人们对青少年数字媒体依赖症影响他们成长的普遍担忧。孩子们是否正在丧失面对面社交的能力？这种能力的丧失在心理学上有什么样的表现？

虽然目前这方面的研究报道还甚少，但是越来越多关于大脑默认模式功能的研究证据提供了较为直接的启示。如果年轻人过度使用社交媒体，整日沉迷其中，他们很有可能把注意力放在那些具体的、现实的、眼前的事情和自我上，而无暇思考他们自己和其他人行为的抽象的、长远的和情感的深意。最近我们对加拿大2300多名18—22岁大学生进行了一项调查，其结果与我们以上的预测相当吻合（Trapnell &Sinclair，2012）。研究发现，被调查的对象中，发社交信息频率越高的人群，越有排外和追求享乐的倾向。比如，他们对居住在加拿大的土著人缺乏积极的评价，对人的评价只注重外表。而发社交信息频率越高的人群，他们与道德的反思呈负相关。比如，他们较少关心维护社区的平等或公正，也不大看重诚实和正直的美德。

虽然目前还不清楚到底是因为发社交信息导致道德水平的改变，还是有些年轻人本身就更容易对社交媒体上瘾。但有迹象表明，它们之间可能存在因果关系。Trapnell 和 Sinclair（2012）的研究也发现，五年间（2007—2011年）社交信息数量逐年增加，而人们深入思考问题的能力则在下降。亚伯拉罕、波切普孛娃、费拉罗进行了一项独立的操作实验，他们要求被调查者画出并描述他们的手机，结果发现被调查者的亲社会行为（比如问他们是否愿意投入时间或资源去帮助无家可归的人）出现了暂时的减少，而他们感知的社会关系却增加了。另一项小规模研究发现，年轻人之间发短信频率越高，友谊带给他们的满意度越低（Angstermichael & Lester，2010）。不过，目前还没有直接证据可以证明沉迷于社交媒体的那些碎片化信息的年轻人，即他们的主要社会交往方式依靠简短的数字化的交流，会系统地丧失反思道德、社会、情感和从长远思考社会问题与个人的价值的机会。这种情形可能会潜移默化地改变他们感受社会关系的质量。长此以往，他们会变得更加注重实际的利益，更加急功近利而缺乏理想和远见。

需要强调的是，不能简单地从这些初步研究发现中就得出科技必然对发展是有害的或会有损道德的结论。毕竟社交媒体只是一种数字工具，它最终取决于使用者的目的或目标。如果信息被用于改变当下的、特定情境下的行为，比如用于提醒使用者关注健康问题，要参加一些有益健康的活动，则是非常实用的（Cole-Lewis & Kershaw，2010）。这些数据也为我们敲响了警钟，警醒我们不能过度沉溺于那些碎片化的社交网络上的信息。因为让社交仅限于没有深刻思想的信息对我们是有害的。Trapnell 和 Sinclair（2012）调查中的"社交狂魔"称每天会接收和发送 300 多条与工作无关的信息，这一数量比 2011 年皮尤研究中心调查的平均数量翻了一倍还多。

毫无疑问，一个硬币总有两面，科技也是如此。新技术如果使用得当，能够为相隔万里或者平时难得见面的人们架起沟通的桥梁，能方便世界各地的人相互理解、换位思考，提高跨文化的思维能力，能有效提高社会反省和道德水平。例如，在 2009—2010 年伊朗选举的示威活动中，铺天盖地的社交媒体在政治团体组织活动和为抗议者争取国际同情中发挥了积极的作用。再比如，具有国际视野的小学会使用数字媒体技术,这连接了世界各地具有不同文化背景的学校,使这些学校的学生能够彼此分享他们的经验和信念(Siissmuth,2007)。归根到底,问题不仅仅在于科技能给人们带来什么,还在于怎样负责任地、更好地使用技术,为人类的发展造福,而不是制造负面作用。

## 追求意义的脑——开展建设性内省的跨学科研究

综上所述,神经生物学的研究表明,需要必要的概念化,并研究清楚内省是如何帮助建构知识的,以及受到过多的外部刺激干扰而被破坏。研究结果显示这涵盖放松走神、做白日梦、排除杂念及沉思冥想等内容。做白日梦有助于思考和整理他们的日常经验与人际关系的社会和情感意义,并使个人经验与未来的目标相结合,进行更广泛、深远的思考(参见 Baird,Smallwood,Schooler,2011)。内省有助于解读新信息的意义,并创造性地提炼出复杂思想之间的情感关系。我们用"建设性的内省"这个概念来描述这一系列的技能和行为,期望今后的研究能继续充实和深化内省思维的维度,及其与注意、记忆、抽象概念、身份认同的形成、批判性思维和社会情感的发展等心理学概念的关系。

今后还需研究静息态下大脑扫描的个体差异,以探讨不同个体在遐思畅想中做白日梦或有目的思考时的自然思维模式的异同,以及这些思维模式和社会行为的关系与产生的其他发展结果。有一个经典的案例,Mischel 等关于儿童自制力的研究发现,高瞻远瞩的抽象思维能力有益于培养延迟满足的能力(Mischel,

Ebbesen & Zeiss，1972；Mischel，Shoda & Rodriguez，1989）。有一个非常著名的实验，给一些四岁左右的儿童每人一块棉花糖，单独让他们待上 15 分钟，并承诺如果能在这段时间里忍着不吃，就会多奖励他们一块棉花糖（或其他奖励）。研究发现那些能在 15 分钟内忍着不吃的儿童，到青春期后，无论是学习成绩，还是社会情感能力都更优秀。即便到他们成年后也比那些没能抵挡住诱惑的孩子更成功（Mischel，Shoda & Peake，1988；Moffitt et al.，2011）。有趣的是，孩子们克制自己欲望的时间长短与他们采用的思想策略有关：那些分散自己注意力，尽量不看棉花糖的孩子做得比较好。但是那些能够设想未来或者假设可能性的孩子表现得最好，即他们靠想象第二块棉花糖的美味，或者把放在面前的棉花糖想象成一团白云的孩子坚持的时间最长（这篇论文的综述可参见 Mischel et al.，1989，2011）。

基于这些发现，后来又有一些关于建设性的内省方面的研究。值得推荐的研究包括：Frankl（1946/2006）、Bruner（1990）、Kegan（1982）、Mezirow（2000）等关于追求人类发展意义方面的经典著作，还有其他一些后续的、更现代的著作（参见 Park，2010 的著作综述）。这本书认识到，通过重新回忆和重新组织自己的记忆并整合到当前的经验中的重要性，这样做是为了今后的生活更加成功、更有成就。这些研究都无一例外地承认内省在这一整合过程中的作用。我们高兴地看到，神经科学的研究为心理学在该领域的探索提供了新的视野和新的工具——有可能解释"追求有意义的生活必须要有反思"的背后的机制是什么，以及早期"关于发展是如何被高度系统性环境专注所重新塑造的"相关研究假设。

总之，我们需要积极开展新的研究，规划和探索大脑的默认模式功能对心理发展的意义。今后的研究需要更深入地探索大脑在"内观"与"外求"时的活跃条件，并探究对这两种模式的监测和切换机制是如何被经验、环境和生物性倾向所塑造的。正如那些谈论"停工时间"（down time）益处的治疗师、教师和家长们非常清楚的，或者连一般人在冲澡时顿悟：休息的确不是偷懒，也不是"无所用心"。相反，建设性的内省会让我们从过去的经验中吸取教训，并认识到它们对我们今后选择的意义，从而更好地认识和管理社会生活中的自己。

## 致谢

在此我们要感谢 Denny Blodget，Ginger Clark，Antonio Damasio，David Daniel，Kaspar Meyer，Robert Rueda，Gale Sinatra，Jonathan Smallwood，Xiaofei Yang 和许多匿名审稿人，他们为这一稿件初期版本提出了很多的意见。M.H.I.Y. 得到了脑与创造力研究院的基金、罗西耶教育学院的大力支持，南加州大学学教务长办公室提供的经费资助。V.S. 得到了南加州大学心理学系研究生瓦伦丁奖的部分支持。M.H.I.Y 和 V.S. 也得到了国家卫生研究院给予 A. Damasio 和 H. Damasio 的 P01 NS19632 资助。

## 第三章

# 情绪和社会神经科学对教育理论的启示

玛丽·海伦·爱莫迪诺-杨

**本章概要**：本章将社会学习的教育理论与神经生物研究相结合，探索情绪是如何促进人类生存的。我想从神经生物学的角度向教育工作者阐明人们之所以重视社会声誉的原因，以及社会关系和信念为何会影响人们行为。除了人类，还没有哪种动物会通过自己的行为来捍卫自己信念的正当性。随着进化进入晚期阶段，人类的社会性的生活与生物性的生存在演化和发展过程中逐渐交织在一起。事实上，具有社会性和情绪性的心智是聪明的人类大脑留给我们的宝贵财富。

## 社会和情绪神经科学的进展：将神经科学证据引入教育理论

不论是家长、老师，还是教练或导师，任何有养育和教育孩子经验的人都知道，社会学习是儿童发展的主要动力。也即正常儿童都会观察他人、与他人互动、模仿他人的行为（包括模仿他人的心理活动和信念），并且观察他们所信赖的大人和同辈对他们的行为作出的情绪性反馈。由此，孩子们学会了察言观色、揣测别人的心思。这些反过来也会影响他们自己的情感体验和思维方式。

有趣的是，社会和情绪神经科学的研究发现为上述社会加工、情感体验和思维、情绪反应及探索情绪与学习的关系带来了新的启示。这些新发现将身体与心智、自我和他人联系起来了，这些联系在过去只会出现在诗人天马行空的想象中（Casebeer & Churchland, 2003）。这些新发现消融了传统的关于先天与后天在发展中的界线（Immordino-Yang & Fisher, 2009），并强调了情绪在理性学习和决策中的重要性（Damasio, 2005；Haidt, 2001；Immordino-Yang & Damasio, 2007）。现在教育工作者们面临的挑战是如何将神经科学的最新发现与现有教育理论结合起来，进而探索运用这些新信息促进教与学的方法。

## 身体与心智——文化与自我

西方的传统身心观，如笛卡儿的思想，将高级的理性思想与所谓基础的、情绪的和本能的身体反应分开（Damasio,

1994/2005）。然而近年来，情绪和社会神经科学的研究发现提出了一种全新的心智观。这些研究都暗示，情绪并不是与思维分离的。愤怒、恐惧、幸福和悲伤等情绪既是认知过程也是生理过程，需要身心的协同配合（Damasio et. al.，2000）。情绪需要利用调节身体的大脑系统（如血压、心率、呼吸、消化）和感受（如身体的痛感或快感）。情绪也影响负责认知的大脑系统。情绪以特定的方式改变思想——人们在愤怒时要伺机报复，恐惧时想要逃之夭夭，内心充满幸福感时更能悦纳别人，感到悲伤时会追忆失去的亲友或物品。在这些情况下，情绪会通过面部表情和身体上的行为表现出来，并被负责感觉和身体调节的神经系统感受。同时，这些感受和其他思想相互作用，改变我们的心智，并从以往的经验中吸取教训。简而言之，情绪神经科学表明，心智的认知是身体与大脑相互作用的结果。因此，学习的过程是身体和大脑共同参与的结果（Immordino-Yang & Damasio，2007）。

此外，教育工作者很早就了解到，思考和学习既是认知过程也是情绪过程。它们不是在真空中发生的，而是在社会和文化的情境中的学习与思考（Fisher & Bidell，2006）。人们的决策大部分都与过往的经历、声誉和文化历史有关。目前，社会神经学正在探索产生社会学习的一些基本生物机制（Frith & Frith，2007；Mitchell，2008）。根据现有的证据，社会化和学习的过程通常包含对他人的感受和行为的主观解读进行内化的过程（Uddin，Iacoboni，Lange & Keenan，2007）。我们往往依据自己的信念和目标来感知和理解他人的情绪与行为，也间接地体验别人的情绪和行为，就仿佛是我们自己亲身经历的一样（Immordino-Yang，2008）。正如情绪神经科学在研究情绪时将身心联系起来一样，社会神经学证据也使得自我与我们对他人的理解联系起来了。

比如，我们为何断定发生在 2001 年的"9·11"事件是错误的呢？为什么大多数美国人在得知恐怖分子的残暴行径后会痛彻心扉呢？在体会无辜的受害者的伤痛时，我们往往会不由自主地、自动地想象那些飞机上的乘客所遭受的巨大恐惧和痛苦，切身体会到他们当时的感受和情绪。很多人只要一想到飞机撞击大楼的画面，就会感到无比恐惧，并产生心跳加快和焦虑等生理反应。相反，我们难以同情那些制造飞机坠毁事件的恐怖分子，因为那些人的价值观、道德和情绪与我们有着天壤之别。

## 人类的先天与后天

从情绪神经学角度来说，那些激发恐怖分子的社会情绪，以及我们对无辜罹难的乘客们产生由衷的同情都是人类所特有的能力。这种情感能力也与教育密切相关。由于具有感受情绪的能力，我们可以通过行为和共情间接体验他人的信念。社会情感和与社会情感相关的思想和行为都具有生物学基础，并受到特定文化的塑造——它们反映了我们在内化他人行为时的神经心理机制。这些思想和行为还需要通过各种社会、情感和认知经验来解读。换言之，人类天生是可以接受教养且可被教养的。我们自发的行为还要根据特定的文化规约加以解读和理解，而这些文化规约是人们通过社会的、情感的和认知的经验学会的。

与基本情绪一样，体验和解读这些不同选择的神经加工过程都离不开身体的参与。尽管社会情感可以说是人类成就的巅峰，但是其生物学基础依然来自基本的生理调节加工。比如，感受这些情绪的神经系统也用于感知胃痛和血液中化学物质的调节。更有趣的是，这些情绪也涉及与自我意识相关的对内脏的觉知。毫不夸张地说，这种将心比心的能力似乎是建立在能感受他人痛苦时会产生喉咙发紧或如"肝肠寸断"般的痛苦的基础之上的。即我们对他人能产生感同身受的能力，是以我们自己的心理和身体的神经基质为基础的，并基于个人的经验和对特定文化知识的解读，这其中当然也离不开教育。

举一个与教育有关的例子：为什么学生要解一道物理题？情感才是其根本的动因——比如，学生或许是为了取悦父母，或许是为了享受正确解题带来的成就感，抑或是为了免遭老师的惩罚或批评，或是为了能上一所心仪的大学，等等。每种原因背后都包含一些隐性或显性的社会或者情感的价值判断。学生会想象别人对自己的行为会产生怎样的反应，或者在解出这道题后是什么样的感受。此外，学生是如何解题的呢？为了能运用解题的技巧，学生必须首先下定决心，集中注意力，分清自己究竟面对的是哪一类的问题，还必须调动相关的信息和策略。在解题的各个阶段，情绪都发挥着十分重要的作用。它不仅能帮助学生意识到或无意识地感受到哪些知识和技巧可能是相关的，哪些会引向正确的解题方向。情绪有助于学生评价每一个认知步骤是更接近正确答案，还是偏离了正轨。从神经心理学角度看，学生在解物理题的过程中，大脑的情绪机制形成一个方向舵，引领学生思想的发展轨迹，并采用有效的解题技巧（Immordino-Yang & Damasio，2007）。通过调节和分配注意力（Posner & Rothbart，2005）、动机和对可能产生的社会和认知结果的评价，情绪会促使学生调用相应的技能发展的大脑网络。虽然我们举的是解物理题的例子，但解决其他问题的机制也大抵相同,比如决定如何帮助朋友或者决定怎样在总统选举中投票。

## 教育中的情绪(身体与心智)

学校也是一个小社会。每一所学校都是置身于广义文化下的社会团体,而儿童作为校园文化的一员,他们的社会情感经历必将塑造他们的认知学习(Rueda,2006)。儿童的身、脑和心都紧密伴随着学习。每个儿童都具有生物学上的先天特质,即天性,由此锚定了孩子们生物和心理的自我。基于这个平台,他们去理解同龄人和老师等人的思想与行为。

理解了这一点,我们就能明白,即便是学习最枯燥无味的、最具有逻辑性的学术性知识也不是纯粹理性的过程,而是学生的身、脑、心之间协作产生的认知的和情感的过程。随着学生们在特定文化中不断构建知识并进行思想和行为上的决策,认知和情感就交织在了一起。

整合情感、社会行为和自我的神经科学研究的发现为我们开启了理解儿童发展阅读与数学等学术性技能过程的新视野。我们全心投入,致力于研究这些涉及认知的技能,意在探究学习究竟是如何受到情感、社会行为和自我驱动的。神经科学证据提示我们,割裂心智与身体、自我与社会的学习理论是不能成立的。要想学得好,学生们需要通过与教师共情,进而认同教师的行为、思想和目标,这个过程也反映了每个学生自己的社会经历、认知经历和偏好。例如,为了学习怎样解一道数学题,班上的学生必须要理解作业的目标并能够将这个目标和老师的行为与思想发生关联，也要与他们自己的技能和记忆相联系。以自己的经验为平台，学生们在自己的思想中努力分辨和重构老师的隐性思想活动，这个过程是主观的、夹杂着情感的，也根植于每个学生的个人成长史。

## 情绪和社会神经科学与教育理论——未来规划

虽然情绪与教育密切相关，但是要充分发挥上述研究发现的作用，教育工作者和神经科学家就需要探讨这些发现所揭示的一般原则，以便为教育提供可检验的假设。尽管目前已有将神经科学应用于教育的尝试，但以神经科学为基础的教育理论并未得到应有的重视。很多时候，教育家和神经科学家都热衷于追逐新鲜的、刺激的信息。虽然他们也看到提升教育的迫切性，但忽视了理论的构建。比如莫扎特效应就是一例。科学研究发现，儿童的空间认知能力与听音乐之间存在相关性。但这样的发现在教学应用中却被夸大其词、以讹传讹了。没有通过理论构建阶段而生搬硬套一些脑科学的研究发现效果会适得其反，有时甚至可能对儿童的发展带来不良影响（Hirsh-Pasek & Bruer，2007）。

要想从神经科学的研究发现中不断汲取营养、获得启迪，从而指导教学实践，教育工作者就必须深入进行理论研究，让激动人心的新发现与现有教育模型和理念相适应。例如：儿童在情绪和社会方面的发展通常被认为是适用于低龄儿童的课程设置。但情绪和社会神经研究发现提示，情感和认知、身体和心智的协同作用适用于所有年龄的学生。未来的研究和教育理论应当了解如何更加有针对性地、更好地利用学习中的情感和社会方面帮助包括成人在内的学生,并充分考虑这些学习过程中的神经生物学基础。

总之,教育的革命已经到来。过去十多年来,科学家对大脑和心智的认识取得了空前的进步,有关大脑的新发现正在不断影响着课堂教学,尤其是情绪和社会神经科学的发现可能对教育带来深刻的启迪,并最终带来教学实践和教育政策的变革。为此,我们有必要对这些新的科学发现展开理论和哲学上的讨论。即使不考虑其科学价值,脑科学的研究发现也起码可以深刻地影响和改变我们对学习与个人的成长发展的看法。这也是教育神经科学的下一个前沿课题。神经科学家和教育工作者必须携手共铸这个"圣杯":通过新思路去理解学习和发展,对设计学习的环境给出切实的指导。

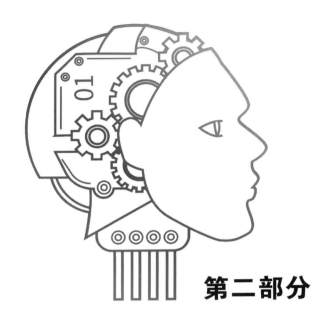

# 第二部分

## 情绪神经科学为学习和教学带来什么洞见?

# 第四章

## 学习的神经科学基础

玛丽·海伦·爱莫迪诺－杨和科特·W. 费希尔

**本章概要**：本章将简要介绍如何将脑的研究与学习的研究整合起来。神经科学家与教育工作者之间应开展对话。经验丰富的教育工作者可以为神经科学家提供新的研究问题。本章还将对神经科学与教育相关的研究课题进行综述，包括阅读、数学、记忆、注意和情绪等方面的研究。我们会提醒读者，在将脑科学与学习研究整合时会存在一些潜在的危险和陷阱，以及教育工作者和科学家应当承担的责任。除了要讨论科特·W. 费希尔的理论贡献，我们提出学习是一个动态发展的过程，并探讨个体差异和文化因素对技能发展的重要影响。尽管每个孩子都需要学习一些必要的技能，并且通常要掌握某项技能会有一种典型方法，但不同个体的学习仍然是因人而异的。

# 超越"神经神话"——心智、脑和教育的跨学科研究

所有的人类行为,包括情绪、思想、创造、记忆、学习和决策等都来源于脑。脑并不是一个固定不变的生物系统,而是主动地和动态地不断发展着。随着年龄的增长,儿童的脑通过社会、情感和认知等经验不断得到组织和整理,这一过程与脑的生物学基础是相适应的(Immordino-Yang,2007;National Research Council,1999)。同时,儿童在神经心理方面的优势和弱势也会影响他们对世界的感知和互动方式。这就像是编织一张复杂而精巧的网(Fischer& Bidell,2006)——人类的发展是生理特质和文化特征相互作用的过程,而学习和行为的产生是极其微妙而复杂的过程。

在教育领域,人们经常有一种先入之见,认为人的生物学属性就是指儿童与生俱来的特质,这些特质是固定不变且独立于经验的。而儿童的社会和文化经验,包括学校的学习在内,都受制于人们先天的生物属性。后天的学习和经验既以先天特质为基础,又不会影响我们的生物属性。现代的神经科学指出:儿童后天的经验对先天生物属性的改变,与先天生物属性对儿童后天的发展的影响是同等重要的。神经科学以及广义上生物学与教育学的结合,将更加注重研究儿童发展和学校教育中先天和后天之间的动态关系,从而进一步了解生物学基础与后天经验之间究竟是如何互动的,这些研究也与教育密切相关。正如神经科学家了解经验的哪些方面最有可能影响生物特质,教育工作者也可以更好地为学习者量身定做教育体验,实施教育干预和评估。

由于儿童的先天特质与他们的社会和认知经验之间是相互

作用和相互影响的,神经科学界和教育学界必将展开更加密切的合作。通过跨学科合作,研究者可以从细胞内的遗传机制到不同文化团体运作机制等多个层次上开展科学研究(Shonkoff & Phillips,2000)。然而,要使脑与学习的最新研究发现能真正影响学习环境的设计,教师和其他教育政策的制定者就需要了解脑和学习之间关系的相关原理。同样,神经科学家也应当了解与真实环境中的学习和儿童的发展。近年来,一个新兴的研究领域——心智、脑和教育研究开始出现,它涵盖了教育神经学(神经学的一个分支,是研究与教育相关的脑功能的一门学科)、哲学、语言学、教学法和发展心理学等相关学科。

在这种跨学科和应用研究的背景下,教育工作者具有天然的优势。因为他们每天都与影响儿童和成人学习发展的各种问题和各种情况打交道,因此他们可以帮助发现与学习和大脑相关的新问题、新话题。同样,教师等教育工作者也需要了解一些神经科学和大脑的工作原理,才能更好地将神经科学理论和研究发现应用于教学,成为理论更好的"消费者",同时能更好地为神经科学研究的发展提出新问题,成为神经科学研究的"贡献者"。例如,老师在解释数学概念时,可以用有关数字处理的心智网络发展的相关研究成果来进行更有效的课程设置,而对学生数学成绩的评估也有助于提出新的数学心智网络发展的科学问题。

然而,这并不意味着神经科学可以应对所有的教育问题。"心智、脑和教育"这一研究领域所面临的挑战之一是教育工作者需要了解将神经科学针对各种教育的问题的适用性、启示和局限性。而对神经科学家来说,他们也需要了解教育中所面临的具体问题。只有这样,这两个领域才能通力合作。为此,教育工作者和教育研究者还需要了解教育神经科学家使用的研究工具、技术、假设和方法，从而提高他们应用神经科学理论和研究发现的辨别力。为此，师资培训已开始将学习科学的相关研究融入课程设置。近年来，有好几个新的"心智、脑和教育"研究生项目在美国的一些主要大学开设。

在进一步讨论之前，需要提请大家注意一些事项。在高速发展、技术变革和理论创新的时代，"心智、脑和教育"的研究领域以及其他将脑科学应用于社会问题及其他相关领域时，一方面存在着新技术与新的研究不断涌现，另一方面对这些研究发现的解释能力却大大滞后。近年来，已经出现了不少脑研究被误用的例子。例如：有人错误地将学生分为运动知觉型和听觉偏好型。事实上，学界认为，很多所谓的"基于大脑的教育"都建立在不牢靠的基础之上。市面上充斥的许多由非科学家撰写的所谓基于神经科学的学习研究的图书其实都良莠不齐。不否认有些书可能为教育工作者提供了一些有用的神经科学阐释，但很多书的作者根本就不了解神经科学对学习及其相关过程的意义和适用范围。在读这些书时，一定要保持审慎和怀疑的态度。因为它们所提供的模型常常过于简化，对儿童教育产生误导，甚至是有害和危险的。

总的来说，神经科学在研究理论和方法上的重大革新能更好地把有关脑的发现运用于教学问题的研究，可以开阔学校教育的视野。我们将特别关注神经影像对学习研究的贡献，即：分布在大脑中那些支持各种学习技能的神经网络是如何建构的，发展中如何调节和利用大脑的一般性的加工手段，包括情绪、注意和社会学习的机制及其神经网络。在结论部分，我们呼吁要深入研究如何有效评估神经科学在课堂教学中的应用。

## 神经科学的新方法带来的新信息和解读研究发现面临的新挑战

教育工作者已逐渐改变了对脑研究的看法。虽然还有不少人在盲目地相信那些所谓的神经神话（Goswami，2006），但是心智、脑和教育领域的神经科学家一直都在努力消除这些神话。尤其是在过去十年中，对活体采用神经影像的扫描研究方面取得了长足进步，科学家们可以在健康被试者解决问题和完成认知和情绪任务时实时研究他们的心智加工活动。得益于新技术的应用，心智、脑与教育研究领域的发展日新月异：几乎没有哪个星期我们不会在主要的杂志或报纸上看到脑影像的图片。

在运用这些新发现过程中，教育工作者应当了解这些神经科学的论文的思想逻辑和约束条件。在各种神经影像技术中运用得较多的主要有三种：第一种是当被试在思考不同问题时测量和定位其脑中的血流变化。这种方法假设"大脑不同区域的血流变化代表这些区域的神经活动的变化"。第二种是测量由脑神经元产生的脑电活动。第三种是测量大脑的解剖形态和结构变化。这些技术既可单独使用，也可组合在一起用于阅读、数学、社会化过程以及个体发展变化等不同认知任务的神经系统研究（文献综述见 Katzir & Pare-Blagoev，2006；Thatcher，North & Biver，2008）。

尽管神经影像研究的新进展对神经科学和教育学带来了深刻的影响，但必须记住每种新技术都有一定的局限性。以 fMRI 技术为例，与某个任务相关的脑区血流变化之间并不是绝对的关系，而是通过对目标任务与对照任务的大脑血流量进行隐性或者显性计算后比较得出的。因而对两个任务的设计和它们之间的差异，以及对研究结果的解读都会影响研究的结论。在执行某项任务过程中，当一个脑区"点亮"（即被激活）时，这并不意味着只有这一个脑区的神经在执行任务。相反，这只是说明"点亮"区域在执行实验任务时要比进行对照任务时更活跃。当然，其他脑区也积极参与了执行任务，只是它们在两个控制任务中同样活跃罢了。事实上，任何技能都需要整个神经网络的支持才能完成。教育工作者通常关心的是一系列相互关联的技能的发展，而不是某个独立的脑区。因此，把神经科学的研究发现应用于课堂教学时，我们必须首先正确解读神经影像的数据。

## 由专门的神经网络支持的教育技能

尽管如此，神经影像技术的出现极大地提升了神经科学家对脑工作机制的认识。以前，在神经科学中，传统的定位论非常流行。人们认为认知功能映射到大脑的特定区域，并且很可能是一对一的关系。而现在神经科学家认识到，学习是不同神经网络之间产生联结和不同脑区之间的协同发展的结果。这意味着，虽然特定的脑区会负责加工特定的功能，但在执行现实生活和学习任务的相关技能时，并不是由某一个脑区完成的，而是由一些神经网络共同完成的。比如：大脑中并没有只负责"音乐""阅读""数学"而不负责其他认知技能和领域（这些都属于被特定文化建构的知识）加工的脑区。

因此，学习并不局限于某一个脑区，而是那些在功能上相互关联的多个脑区主动建构神经网络的过程。由于这一过程是建构性的，不同学习者的神经心理优势、天生的倾向和文化的、自然的和社会环境各异，因此，不同学习者的神经网络可能千差万别（Immordino-Yang，2008）。学习者的阅读（Fisher，Bernstein & Immordino-Yang，2007）或数学（Singer，2007）等学习技能的发展路径也可能因人而异。教育的作用就是为不同神经心理特质的儿童的技能学习提供有效的、有针对性的支持（Immordino-Yang，2007；Rose & Meyer，2006），要允许儿童用适合他们自己的方式学习。虽然学习某项技能通常会有一个典型模式，但每个人往往会以不同方式学习。比如，奈特和费希尔（Knight&Fisher，1992）发现，儿童学习读词的方式有三种。通过研究两名半脑切除术后高功能的男孩，爱莫迪诺-杨（Immordino-Yang，2007）（见第七章）发现，每个男孩为了弥补缺失，都利用各自的优势将原来的神经心理技能转化为与其优势相适应的新技能。

## 学习数学的神经网络

近几年来，对数学和数字表征的神经网络的研究取得了长足进步。研究表明数学加工的网络是从婴幼儿时期的数量表征的神经网络发展而来的——其中一个网络是对数目的近似表征（数量）；另一个是用数字进行精确计算的网络（Izard，Dehaee-Lambertz & Dehaene，2008）。这些网络随着儿童的成长发育和对数学概念训练而逐渐组织和分化（Singer，2007）。例如，学龄前儿童在先天的数字系统之上建立了一个心理数字线，随着时间的推移，他们能计算的位数逐渐增多（Le Corre，Van de

Walle，Brannon& Carey，2006）。

有趣的是，负责数学的神经加工的网络和负责包括阅读等在内的语言的神经加工彼此分享许多脑区，并有相似的特征。目前的研究正在探索数学的神经加工与其他认知领域，比如空间表征（Hubbard，Piazza，Pinel & Dehaene，2005）加工之间的相互关系，以及非典型的发展人群（如具有学习能力障碍的儿童）的数学网络是如何发展的。

## 阅读的神经网络

阅读发展的研究是另一个热门领域，包括对典型阅读发展和诵读困难儿童阅读能力的研究。识字能力的学习会影响大脑功能的组织（Peterson，Silva，Castro-Caldas & Reis，2007），因为学习识字既要调用两个大脑半球表征语言、视觉和听觉的不同神经网络，又会增加连接这些脑区的白质的数量。对阅读认知方式的个体化研究能丰富我们对神经科学研究发现的解读（例如：Knight & Fisher，1992），也有助于架起一座跨越神经科学的研究成果与课堂实践之间的桥梁（Katzir & Pare-Blagoev，2006；Wolf & O'Brein，2006）。对诵读障碍者，研究者们已经对快速音系的加工有了更深入的了解（Gabb，Gabrieli，Deutsch，Tallal & Temple，2007；Simos et al.，2000）、对拼写的加工（Bitan et al.，2007）和阅读过程中的视觉加工，以及其他的思维（Boets，Wouters，van Wieringen，Smedt，& Ghesquiere，2008）等方面的研究也都取得了显著进步。例如，诵读障碍者的视场可能对视网膜周边的感知比正常人更加敏感，而在中央小窝部位较不敏感,这就造成有些诵读障碍者因具有发散的视觉识别特质而拥有特殊的才能(Schneps, Rose & Fischer, 2007)。最近,有研究发现,不同文化会导致阅读神经网络的发展差异(如 Cao et al., 2009),这些研究将有助于我们理解阅读经验是如何塑造大脑的。

了解阅读和数学的神经网络对教育有十分重要的启示,因为有效的课程设置能潜移默化地促进支持各种技能的脑系统的发展。例如:好的数学课程设置有助于学生通过架构数字线这样的心理结构,将计算技能与数量心理表征联系起来(Carey & Sarnecka, 2006; Griffin, 2004; Le Corre et.al, 2006)。尽管不同学生可能天生就更擅长学习某些技能,但是要想学好数学,所有学生的脑都必须建立好数量和计算的神经联结。

## 有助于学习的一般性认知和与情感有关的认知

由于大脑这一器官是动态发展的、可塑的、依赖于经验的、社会性的和关乎情感的,几百年来关于先天与后天的争论往往以非此即彼的态度看待它们之间的关系,而把它们之间看成是非黑即白的、截然二分的观点是毫无益处的。它没有看到,人的发展过程是生物特质与文化属性之间复杂的、动态的、相互依赖的关系。新的研究证据显示,人类本质上是社会的和符号的存在(Herrmann, Call Hernandez-Lloreda, Hare & Tomasello, 2007),正如遗传和大脑等生物学属性会塑造我们的社会的、情感的和认知的偏向一样,人们的许多生物学属性比如身体的成长发育等,也需要得到社会的、情感的和认知经验的滋养。因此,学习是被特定文化塑造的产物,具有社会的、情感的属性。

关于生物性、社会互动和认知刺激之间的相互关系，有一个极端的例子。尼尔森（Nelson，2007）等对罗马尼亚孤儿的研究发现，在孤儿院里长大的孩子比在寄养家庭或者原生家庭成长的同龄儿童的成长水平明显滞后。虽然孤儿院能满足孩子们的基本生理需求，但是由于缺乏高质量的社会互动和认知刺激，他们仍然无法健康成长。

总之，尽管教育工作者往往更加关注负责阅读或数学等特定认知技能的神经网络，但是实际上那些一般性认知领域和有关情绪的神经网络都对记忆与特定的学习技能起到调节和协调的作用。

## 情绪与社会加工

情绪和社会加工是神经科学的前沿研究领域之一。优秀的老师都了解学生的感受，包括他们的情绪状态（比如是思想负担重还是心情轻松愉快，是感到情绪低落还是信心满满）以及他们身体状态（如是身体健康还是身患疾病，睡眠是否充足，肚子是否吃饱了）等都会极大地影响他们的学习效果。此外，更多的证据表明，情绪不仅在学习动机这类背景因素中发挥着必不可少的作用，也在具体问题的解决和决策中发挥着基础性的作用。也就是说，情绪是引领学习者思想走向的航舵，帮助他们调用与手头话题或问题相关的信息和记忆（Immordino-Yang & Damasio，2007）（见第一章）。例如，在解数学题时，情绪会让学生评估每一个认知步骤，看看这个步骤是会让自己更接近有效的解决方案，还是会让他/她偏离正确的方向。

从神经生物学的视角来说，大脑的情绪加工需要依靠躯体感觉系统——这是大脑负责感知内脏和身体状态的系统（Adolphs，Damasio，Tranel，Cooper & Damasio，2000；Damasioet et al.，2000）。这些系统能反映身体在不同情绪状态下的实际变化（例如：恐惧时心率加快，听到坏消息时有"胃部被踢"的感觉），这也发生在想象的情形而不是实际发生时的情绪体验中。身体会模拟这些状态，唤起内脏和身体的相应感觉（Damasio，1994/2005）。通过调节和刺激注意、动机和评估想象的或者实际产生的后果，情绪可以分配调用相应的神经网络帮助数学或阅读等特定技能的学习。大脑中，认知和情绪其实属于"一个硬币的两面"，它们是密不可分的。而教育工作者所关心的记忆、学习和创造性等思维其实都涉及认知和情绪两个方面 [Fischer & Bidell，2006；Immordino-Yang & Damasio，2007（见第一章）]。

此外，大脑的社会加工与情绪加工也是密切相关的。人们的行为受到文化因素和社会背景的塑造与影响，它们也反过来塑造我们的经验和学习。比如，上文提到学生做物理题的动机，很多都与他/她的社会关系和文化目标等情感因素有关——例如他/她父母对她的期望、他/她自己想要上大学的愿望。他/她对这些文化建构影响的感受是通过作用在他/她的身心的情绪反应和思维倾向中体现出来的。

那么这个学生是如何内化或者预测他/她父母的情绪反应呢？有趣的是，过去十年的研究表明，在内化行为、情绪、他人目标中，我们基本的生物系统都在其中暗自散发着灼灼光辉，能让我们以他人为榜样，能与别人产生共情和影响他人（Immordino-Yang，

2008；Oberman，Pineda & Ramachandran，2007）。具体来说，在观察他人行为、揣测别人的情绪和隐含的意图时所使用的神经系统与一个人在计划和执行这些行为时所使用的神经系统是相同的。这个发现被称为"镜像化"（mirroring）（di Pellegriino，Fadiga，Fogassi，Gallese & Rizzolatti，1992；Gallese，Fadga，Fogassi & Rizzolatti，1996；Umilta et al.，2001）。虽然"镜像"神经系统不能解释所有社会学习的神经系统，但是最新研究表明，它们的确为社会和文化学习提供了必要的基础性的神经机制（有关镜像化和镜像神经元与学习和对教育的启示方面的内容请见第八章）。

## 记忆和注意——建构自己的现实

要了解记忆和注意的研究现状，我们需要先讨论一下现实是如何在心智和脑中构建的，以及这个过程与感知的关系。来自神经科学不同领域的研究，比如来自视觉、躯体感觉和空间身体位置的研究表明，我们建构现实的过程并不是直觉所以为的那样，好像在大脑中安装了一个内置摄像头，可以直接感知环境（可参见 Ramachandran，1998，他对此做过有趣的讨论）。相反，我们过去的学习经验、神经心理的天生倾向和当前环境都会影响我们对现实的建构和体验。也就是说，"现实"从来都不是对环境的直接感知。相反，我们基于自己的最佳猜测、解读和期待构建"现实"。举一个老生常谈却很有说服力的例子。想象一下，为什么会产生视觉错觉呢？原因在于，我们的视觉系统是通过环境和以前的经验构建关于色彩、形式、运动和实际出现在我们眼前的事物的"最佳猜想"的意象（image）。

同样，我们的记忆也不是反映实际发生事件的"客观的"重演（replaying），而是以反复对事件、事实或步骤的心理重构。比如，解数学题的技能或学生与老师关于考试成绩的交谈都是我们心智重构这些经验的过程。这说明，对一个事件记忆的反复重建或者心理建构过程与对从未发生的事情的想象，或对未发生的事情的结果的模拟的神经加工过程似乎相似。而这些过程都是通过情绪来组织的，并且反映了个人的主观解读，并与所记忆的、想象的或关于未来的构想有关，也与个人所处的社会的、自然的、生物的和发展的环境相关。因此，不同的教师和学生对各种课程和教育环境的感知、体验和记忆亦不会完全相同。

此外，注意也与记忆和情绪研究密切相关，且是调配神经网络的重要前提。在过去十年中，对注意的研究在理论和方法论上，以及它与学习技能的关系的研究取得了长足的进步（Corbetta & Shulman，2002）。特别是伯斯奈和他的同事们对学习中非常重要的三种不同的注意网络即警觉、定向和执行注意（alerting, orienting and executive attention）进行了区分（综述见 Posner & Rothbart，2007）。伯斯奈和他同事们指出，注意网络存在个体差异，这可能与基因和环境因素有关。他们指出，如果进行明确引导的注意力训练，即通过调节人们对环境的关注点，可以有效提高学龄前儿童的各种学习能力，包括阅读技能和在学校的社交互动的能力等（Berger，Kofman，Livneh & Frlenik，2007）。今后的研究应当探索如何在学校的教育中调控学生的注意力，提高他们建构和调用神经网络的效率。

## 回到宏观——心智、脑和教育正在走向整合

10多年前，约翰·布鲁尔（John Bruer）提醒教育工作者说，鉴于目前的知识水平，将脑科学和教育直接关联起来的时机尚不成熟——可以说是"一座太长的桥"（Bruer，1997）。之后，随着科技的日新月异，对人的发展和学习的了解日益加深，它们二者之间的鸿沟开始慢慢缩短。新的研究领域需要把神经科学、心理学、认知科学和教育学的方法与证据整合起来，从而深入了解有关儿童的学习各个方面。

在这令人振奋的形势下，我们应认真研究神经科学的新进展，在心理学、发展学和教学法的理论与研究启发下，既要严谨务实，又要积极乐观地努力推进教育创新。过去，所谓基于大脑的教育技术和理念炮制了一些神经学神话——它们都是一些粗制滥造的错误观点，以讹传讹地误导甚至损害了学校的教育（Goswami，2006）。如今，我们应当谨慎地评估和应用神经科学的发现，先做一些小范围的试点，让师生与认知神经科学家共同设计和评估他们的研究。

总之，无论对于心智、脑和教育领域，还是对研究学习的神经科学来说，我们都处于一个振奋人心的时代。由于学习归根到底是在大脑中发生的，因此关于学习的神经科学的基础性研究可以为教育提供有益的启示。通过审慎的实践和评估，这些基础性研究将会完善和提高我们子孙后代的学习环境。

## Glossary 词汇表

Domain 域：由文化建构的知识领域，比如语言、数学、音乐或社会互动。

Neural network 神经网络：不同心理功能协同激活，并在结构上和功能上相互关联的一组神经元。

Neuroimaging 神经影像：对脑的生理功能和结构进行测量和成像的各种侵入性或非侵入性的研究技术。

Neuromyth 神经神话：在教育中粗制滥造、引起误导的一些关于脑或者神经科学的言论、想法和理念等。

Skill 技巧：在特定情境中有组织的行为或思考的能力。

# 第五章

## 情绪和熟练的直觉在学习中的作用

玛丽·海伦·爱莫迪诺-杨和马蒂亚斯·费思

**本章概述**：本章将深入考察心理学中常用的赌博游戏法。设计这种游戏的初衷是为了研究那些因脑损伤导致无法通过情绪进行学习的患者。事实上，安东尼奥·达马西奥通过研究这些病人的表现，提出了躯体标记假设（Somatic Marker Hypothesis，SMH）。这个心理学任务亦称作艾奥瓦赌博任务（Iowa Gambling Task，IGT）。安托万·贝沙拉及其同事曾用它证明：在学习新任务时，学习者会对成功或失败的经验自然地产生微妙的情绪标记，也即具身的内隐记忆或"躯体标记"。这些记忆会引导人们的行为，让他们避免重蹈过去失败经验的覆辙。起初只是出于无意识的直觉，但久而久之，人们就能清楚掌握这种游戏背后的规则。虽然脑损伤的病人和健康受试者最终都能够掌握这些规则，并且学会预测采取哪些步骤会有风险、哪些是安全的,但是只有健康受试者能够利用这些预测来引导他们采取对自己有益的行为。

这里,我们将重新考察情绪直觉是如何随着经验的积累变成"熟练的直觉",并构成我们程序性知识的基础。然后,我们将之与学校的学习和教育实践相结合。虽然情绪对学习的影响难以直接观察,但是它会随着时间的推移,逐渐变成学习者决策和行为的稳定的倾向,让他们在决策时偏向选择那些曾经在类似情况中获益的策略。由此,内隐的情绪记忆便成为学习和思考中不可或缺的一部分。

## 关于情绪脑,教育工作者应该知道些什么?

神经科学的新进展不断推动着教育理论和实践阔步前进。然而,尽管研究工作在阅读和数学加工等学术能力方面取得的成果最为丰硕,但大量来自社会和情绪神经科学的新证据日益应用到教育理论的建构中(Immordino-Yang Damasio,2007;Immordino-Yang Fischer,2009)。尤其是社会和情绪神经科学清楚地证明了人脑中认知与情绪是紧密相关的且情绪对学习的好坏起着至关重要的作用,以及教师可以通过营造课堂气氛来优化情绪与认知学习的关系,从而提高学生学习的动机等(van Geert & Steenbeek,2008)。社会和情绪神经科学带给我们这样一些启示:再也不能把学习看作是与情绪无关或是受情绪所累的。在分析课堂教学策略时,不能只关注学生,因为学生与教师其实是社会互动的主体,他们需要互相学习。因此,只考虑学术技能中那些"无情"的认知层面的内容是远远不够的。跟其他形式的学习和互动一样,构建学术知识需要在特定的社会背景下整合情感和认知。学术技能是"有情"的,而不是"无情"的!

## 破除神经神话

在本章中,我们意在帮助教育工作者破除充斥在教育界的"神经神话"(Goswami,2004,2006)。这些神话把问题想得过于简单,常常引起误导。我们打算用一些真正基于情绪神经科学的策略取而代之。这包含如何通过情感性的、社会语境化的教学实践(Brackett,Rivers,Shiffman,Lerner & Salovey,2006)培养学生健全的学习情感(Pekrun,Goetz,Titz,& Perry,2002)。不过,这些策略并不是直接来自神经科学的具体研究,因此不能生搬硬套、依葫芦画瓢。相反,我们通过解读这些研究结果旨在从情绪神经科学的视角阐明,情绪在学习新信息过程中发挥着根本性的作用。我们还希望通过这个讨论建立一套扎根于社会的教育实践,让教师能用这样的教学方法来提高学生课堂学习中的情感和认知方面的能力。

在开始之前,需要特别强调,尽管随着神经科学的日新月异,新兴的心智、脑及教育研究领域也越来越多地影响着教育实践,我们仍然需要保持审慎的态度(Fischer et al.,2007)。教育界存在这样一种普遍的现象,虽然是出于真诚的目的想理解和帮助学生,一些教育工作者未经甄别就声称使用了什么"基于脑"的教育策略,但是这些策略有些不过是道听途说或以讹传讹罢了。很多关于教学的通俗读物中大量充斥着这样一些误人子弟的例子。比如,有的公然把小学生分为知觉型或听觉型的学习者,有的则声称让婴儿多听莫扎特的音乐可以提高他们的空间认知能力。这些说得好听点是劳民伤财、得不偿失；说得严重点是误人子弟、贻害无穷。

与这些神话制造者不同，我们不想具体介绍大脑的系统及其研究发现，因为这些都与教育本身没有什么关系。而是打算从神经科学对身体的解读来研究对学习过程的影响，这种研究范式已经取得了丰硕的成果。它就是前些年由安托万·贝沙拉等人（Bechara，Damasio，Tranel & Damasio，2005）设计的"艾奥瓦赌博任务"（Iowa Gambling Task，IGT）。通过这种方法，神经科学家对情绪如何影响认知和学习有了很深入的了解。本章中，我们将提炼出一些来自神经科学领域的研究人员对教师教学实践的建议。这些建议都是以神经科学为基础，与社会环境下情绪对学习的影响相关的研究。这些建议应该是比较可信和实用的，因为它们反映的不是某次实验或某个脑区的研究发现，而是多年来神经科学家们通过实验和争论后达成的有关脑工作原理的共识。

为此，我们将首先介绍 IGT，以及 IGT 如何揭示无意识的情绪"直觉"影响学习的效果和效率。我们将提供一个典型的案例来加以说明，许多基于该范式的实验表明，情绪与学习之间存在着一个典型的模式。我们还会根据各种正常人和脑损伤患者的研究发现来解释为何会存在这一模式。然后，我们将介绍一下情绪对学习的干扰。这种干扰既可能是与当下学习任务不相干的一些情绪的干扰，也可能是比较极端的情况。比如损坏某些相关的脑区，造成情绪直觉的损坏，而无法指导合理的、正常的行为。在本章的后半部分，我们还会为老师们提出一些具体策略，帮助他们指导学生管理和利用情绪进行有意义的学习。这些策略都是以神经科学实验为基础提出来的。本章前半部分的目的是说明神经科学研究对教育研究的五大贡献。其中，情绪与学习中的认知的关系，以及对学校等社会环境中的教学的启示。后半部分的主要目的是从这些思想中总结出改进教与学的三大策略。我们希望本章的这两个部分能让教师开始尝试把有意义的情感体验融入学生的学习之中。

## 脑和学习——为什么情绪因素必不可少？

让我们看一下下面这个来自艾奥瓦赌博任务（IGT）的有趣的情形：一位受试者坐在放了纸牌的桌前，她的任务是从四组牌中选牌。每抽出一张牌，她都有机会赢一些钱。但她并不知道，在其中两组牌中，赢钱的机会更大，但偶尔抽到坏牌的风险也很高。正常人是如何学会这种游戏，并总结出权衡各组牌相对长期收益的"认知"规律呢？对这个问题的回答，取决于情绪为什么对学习而言必不可少，五条理由如下。

### 理由一：情绪引导认知的学习

通过考察实验中 IGT 玩家的表现，我们发现学习玩这一游戏的过程涉及情绪和认知加工。刚开始，玩家会无意识地产生情绪"直觉"，慢慢地这种直觉就成为可用语言或公式描写的有意识的"规则"。这些直觉的培养和感知对于构建成功的、有用的知识至关重要。一开始，她只是随机从各组牌中选牌，心里记住输赢的情况。但很快，她甚至自己都没有意识到各组牌的输赢并不是均等分布的。她在选择风险较高的纸牌组时表现出我们所预期的情绪反应，比如手心微微冒汗，这可以用皮肤电测量出来。她无意识地积累了有关这几组牌的风险程度的情绪信息。逐渐地，这种情绪会引导她偏向"安全"的纸牌组，而不从那些有高收益却同样有高风险的纸牌组里抽牌。随着经验的积累，她对各组牌的风险情况开始了如指掌，还能总结出一套规则，知道哪些组可以选、哪些组不要选。这时，我们说她已经"学会"玩纸牌游戏了。

通过 IGT 和其他的一些实验，神经科学家了解到情绪在学习过程中扮演的重要角色。不仅是在学习玩纸牌游戏中，还包括在数学的学习、社会的学习，以及其他各个领域的学习过程中，人们都要先经过经验积累，并利用这些经验指导自己今后的行为，做出对自己有益的决策。因此，情绪在学习中发挥着至关重要的作用（Bechara & Damasio，1997）。情绪引导着实验受试者的学习过程就像航舵对船舶或飞机导航一样（Immordino-Yang & Damasio，2007）。虽然情绪和情绪的影响不那么显而易见，但是它逐渐成为一种能稳定学习者决策和行为偏好的力量，帮助学习者识别且想起相关知识——比如该从哪组牌中选牌或该用哪一个数学公式。

### 理由二：情绪对学习的影响可以是有意识的也可以是无意识的

在 IGT 的例子中可以看到，引导受试者做出选择的情绪反应并不是从一开始就有的，而是在玩游戏的过程中逐渐学会的。纸牌游戏的参与者明白游戏结果是不确定的，而且没有任何直觉或事实的信息帮助她从各组牌中进行甄别选择。如果一开始就获得高收益，她自然会被高收益/高损失的那几组牌所吸引。在此阶段，她无意识地对这几组牌产生了情绪反应，即兴奋和吸引。一旦遭遇惨重的损失，她的情绪就会迅速从兴奋变为失望。这是一个孤立的事件吗？还是应当从中吸取教训，在后面的选择中作出相应的调整？从现在开始，她不会像从前那样从这几组风险较高的牌中抽牌。虽然她会偶尔禁不住高收益的诱惑，从高风险的那几组牌中抽牌，但是这么做时她也担心自己的高风险行为会遭受惩罚。我们可以看到，她的情绪舵引导着她的行为，提示她不同牌组的利弊，阻止她从高风险的那几组牌中取牌，帮助她抵御高回报的诱惑，让她谨慎行事。神经科学实验表明，所有这些都发生在她的意识之下；她可能仍然报告说她还不会玩这个游戏，也弄不清该如何对不同组牌作出何种预期。只是她不由自主地手心冒汗暴露了在学习的初期情绪具有的潜在力量。

## 理由三：情绪学习塑造未来的行为

情绪舵不仅能帮助我们玩好IGT游戏，还能帮助我们应对校内外的各种情况。想象一下一个三年级的学生，因为答错了数学题而得了一个鲜红的"×"，或是因为答对题而取得高分。又如一个社区大学的学生作文文不对题或由于在课堂上举手而得到老师的点头赞许。就像IGT玩家那样，学习者对于其选择的后果产生的情绪反应会潜移默化地渗透到课堂上、或渗透到学习数学或写作文等知识之中。这些学习对于学习者而言不再是中性的，它们或许是"有风险的"和"令人不快的"，或许是令人兴奋的和想要跃跃欲试的。究竟是哪种情绪取决于学习者对结果的解读。上述例子表明，学习者对于结果的情绪反应会有意识地或无意识地引导他们今后的行为，促使他要么下次做出同样的选择，要么在类似的情形下要谨慎行事。

## 理由四：当情绪与当前任务相关时，对于促进知识的发展最为有效

在学校教育中，人们通常认为情绪只是辅助的或次要的，它并不是知识学习中必不可少的一部分。例如，我们要求学生"排除情绪的干扰"，专心学习。人们常把情绪看成是一种破坏性力量，与正确的认知背道而驰。无论是社会问题，比如该如何对待你的朋友，还是伦理问题，比如怎么处理作弊问题，抑或是认知问题，比如该用哪个公式来解数学题（Immordino-Yang & Fischer，2009），要作出成熟的判断，就需要管控和克制自己的情绪（Haidt，2001）。然而，正如 IGT 任务所揭示的那样，神经科学表明，要实现高效、实用的学习，就需要把情绪与认知有机融合，而不是努力剔除或"越过"情绪因素。实际上，高效的学习者会产生有用和相关的"直觉"，来引导他们思考和决策（Damasio，1994/2005；Immordino-Yang & Damasio，2007）。这些直觉可以有效将他们的情绪反应和获得的经验教训与认知加工整合到一起。这些直觉并不是无意识中随意产生的突发奇想，而是受到具体任务或经验塑造和组织，它们与学习环境密切相关。

那么哪些情绪与学习是相关的，哪些是不相关呢？学习中，这种差别是如何体现出来的呢？要弄清楚情绪舵的发展是怎样偏离方向的，我们需要回溯一下前面的例子。前面提到，赌徒倘若过于焦虑而无法感受到不同纸牌组的情绪效价产生的"微妙的"情绪变化，那她能学好玩纸牌游戏吗？抑或她因马上要开始的足球比赛而兴奋得无法专注于手头的任务，她还能干得好吗？在这两种情况下，她当然都会产生情绪，但就该任务而言，这些反应

就如同是静态、固定不变的。无论她从哪组牌中抽牌，无论结果如何，她的情绪要么是焦虑，要么是兴奋。而在这两个例子中，她很有可能无法根据情绪直觉区分不同的纸牌组，因为无论她选择哪一组，她的情绪体验都是一样的。她就没法学会玩纸牌游戏。总之，这些例子说明有效的学习离不开情绪。要想学习好，必须保持良好的情绪状态。

## 理由五：离开了情绪，学习会受影响

为深入理解情绪对于学习的影响，我们不妨来看一下另一种情况：另有一个人正在玩这个赌博游戏，并渴望赢钱。不过，此人是一个神经症患者，因为她的眼睛正上方的脑部（大脑正中前额叶皮质）受损，这一脑区主要负责协调情绪变化时躯体的感觉和认知策略的学习。她的表现会是怎样的呢？这位病人的认知能力完好无损，能解决逻辑问题，在标准 IQ 测试中的成绩不俗。但因她在选择认知策略时，无意识的情绪不会对高风险的纸牌组产生反应，她还能学会玩这个赌博游戏吗？会不会因为把情绪因素排除了，就可以更直接地评估游戏规则了呢？

遗憾的是，事实并非如此。这位病人玩游戏时刚开始与正常人一样，从不同的纸牌组中随机选牌，但由于她对不同纸牌组的风险情况无法产生预期的情绪反应，也就是说她选牌时的情绪反应不能提示她作出恰当的选择。正常受试者可以慢慢学会选择那几组"安全"的牌，而大脑正中前额叶皮质受损的病人仍会被高收益/高损失的那几组牌吸引，她从中选牌的概率与"安全"组的几乎没什么两样。虽然她会注意到选某些纸牌组更容易输钱，她也会因输钱而感到沮丧，但是她不会利用这个信息来引导自己改变之后玩游戏的策略。大多数正常人平均在选了 80 次的牌后就会总结出一套有意识的规律，知道该选择哪几组牌、不要选哪几组牌。即使有些人说清楚这些规律，他们也能形成一套让自己获益的选牌模式。但那些正中前额叶皮质受损的患者的情况则完全不同：即便他们在意识层面能清楚知道该选哪几组牌、不该选哪几组牌，他们仍继续使用于己不利的选牌模式。换句话说，他们从未学会玩这种纸牌游戏。他们的有意识知识、情绪反应和认知策略不是统一的、协调一致的。因而导致这些病患无法从他们过往的经验中吸取教训，也不能利用他们看似有意识"了解"的知识（注意，这一缺陷还会延伸到这些病患日常生活的决策中；他们无法像脑部患病之前那样有效地打理他们的生活，故而需要别人的看管）。

　　这对我们当前讨论的话题有何启示呢？这说明，情感与认知是相互影响的，事实性知识若没有情绪直觉的引导便毫无用处。一些正中前额叶皮质受损患者虽然清楚地知道哪几组是好牌、哪几组是坏牌，但是这一信息在他们决策时似乎变得无足轻重了。学生在课堂上的学习亦然：如果他们感觉在学校所学的知识与他们无关，所学的内容对他们来说在情绪上就无关紧要；即便他们能复述一些事实性的信息，那也是苍白无趣的，对他们的决策和行为没有任何影响。当然我们不否认，他们与正中前额叶皮质受损的患者是不同的，他们有能力对所学内容产生情绪反应。但如果课程设置不能让教师去鼓励学生发展这种情绪反应的话，如果情绪不受重视，也没有给学生充分的空间去发挥情绪对决策和思维的影响，那么他们就像那些患者一样，他们的情绪就无法与认知进行有效的整合。要使认知在课堂内外得到充分发展，就必须重视情绪在学习中的作用。

## 让情绪回归课堂学习的策略

为了培养学生在学习环境下的情绪思维能力，我们为教师提供三个策略。

### 策略一：培养与教学材料的情感联结

首先也是最重要的一个策略是，在设计教学活动中，尽量与教学材料建立情感联结。情感的培养可从话题的选择开始。教师在选择话题和组织学生讨论时，有时候不妨打破常规、偏离主题，让学生能慢慢进入话题讨论。为什么不能本着认真负责的态度邀请学生参与到这些话题的选择中来呢？例如，如果讨论的话题与古罗马的知识有关，为什么不把一些选择权下放给学生呢？比如，他们可以就一些重大事件自编自演一台戏剧，或就这些事件撰写一份研究报告，或是设计一个模拟古罗马议会的模型。当学生参与了课程的设计，他们会更加明确课程的目标，会对学习倾注更多的情感。这种让学生参与的方法可以增强他们的主人翁意识，并使今后的学习体验变得有意义，进而投入更多的感情。

此外，教师还可以把所学内容跟学生的生活和兴趣挂钩。比如，教师可以让学生意识到他们所学的内容与他们的日常生活有什么联系，或者直接让学生找出可能存在怎样的联系。在教师的帮助下，尽量鼓励学生按照自己的兴趣、遵循内心的激情去发现学习材料与这些选择存在什么关系、有什么作用。例如，恺撒大帝对当今战争问题的感受和看法跟他当年的感受和想法有何关系？只有鼓励学生以有意义的方式参与和认同所学内容时，他们发展出来的情绪直觉才会与日常生活的决策发生关系。

在学习中要增加学生的情感投入，还有一种行之有效的手段就是教学生解决开放性的问题。因为这些问题需要学生自己界定任务，充分调用他们的直觉知识，包括相关性、熟悉度、创造性以及兴趣等（Ablin，2008）。以作品集、研究项目和小组活动的形式（虽然一般需要教师给予更多的指导），也能有效地调动思维中的情感因素。总之，教师应该尽量设计一些活动，以营造让情绪得以施展的空间，让学生们能安全地犯错并从错误中学习。这意味着我们需要摒弃那种速战速决急功近利的教育方法——让学生以最快、最直接的方式掌握学习内容的做法似乎并不可取，因为这种速成的方法往往是情感贫乏的。相反，学习过程常常需要走弯路、走错路，折回去再找路，只有这样才会有丰富的情感积累出弥足珍贵的情感记忆。也只有这样，丰富强大、多姿多彩的"情绪舵"才得以生长出来。在当今这样一个学校教育充斥着标准化测试和标准化的课程设置中，我们这样提议貌似不合时宜。但从情绪神经科学的角度看，那些直奔主题式的、貌似高效的教学方法恰恰是低效甚至无效的。因为缺乏情感的学习常常只是一些事实知识的无意义的堆积，对学生的现实生活毫无用处。

## 策略二：鼓励学生培养睿智的学术直觉

选定话题后，在课堂学习和解决问题的活动中，教师应当鼓励学生利用自己的直觉。从神经科学的角度看，直觉可理解为把无意识的情绪信号融入知识的学习过程。回到上文谈到的 IGT 实验，正常的游戏玩家在从高风险纸牌组中选牌时会出现忐忑不安的情绪信号；最终纸牌玩家会有意识地把这种情绪反应融入对游戏规律的理解中。也就是说，受试者在能有意识地描述玩纸牌游戏的规律之前，她的无意识的"直觉"就已经告诉她该选哪组纸牌了。正如我们所看到的那样，随着经验的积累，她能更好地凭直觉做出决策，并最终意识到玩纸牌游戏的规律。用教育学的语言说就是，她"掌握"了。

IGT测试的参与者既需要正面的经验也需要负面的经验，才能掌握应该选择哪些纸牌组。同样，在教学中，也必须给学生充分的机会积累经验才能发展出他们的直觉，知道如何使用教材以及何时使用："这个例子是否适合用这种教学步骤呢？""我是否已经快找到答案了？"学生对此类问题无论是自己一个人反思还是与同学们一起反思，对于发展出有用的、概括性的、记得住的知识至关重要。从本质上看，回答这些问题需要整合情绪知识和认知知识，才能培养学生的熟练直觉，并通过直觉解决学习和现实中遇到的问题。

一方面，教师迫切希望帮助学生尽快掌握更多的知识；另一方面，学生往往一开始难以迅速掌握所学知识的全貌。但神经科学的研究表明，教师在课程设置中，需设计一些能培养学生运用直觉的能力，这从长远来看，会产生更好的学习效果。没有了适当的直觉来把握所学的知识，时间一长，学生要么易学易忘，要么只是记住了抽象的大道理，却不会学以致用、举一反三。

## 策略三：积极管理课堂的社会和情绪氛围

课堂上，不仅学习活动很重要，培养学生的直觉还需要考虑课堂的社会因素。要发展学生直觉能力仅仅容许他犯错还不够，还需要在信任和尊重的氛围中让学生深切体验这些失败。因此，课堂环境和师生之间的关系对培养学生的直觉能力也非常重要。

有些教师遇到在课堂中需要营造积极情绪的挑战时，会避重就轻，选择一些容易却不真实的或与课堂任务无关的法子，比如上课时讲讲笑话、看看漫画、发发小奖品或对学生不配合视而不见。当然，适量的幽默和奖励的确能帮助学生融入课堂环境，并感到开心和有归属感。这些活动还可以让学生在表达自己意见和从彼此的错误中学习时感到安全、放心，同时也能让学生与学生之间、学生与教师之间建立更和睦的社会联结——这对学生投入学习是必不可少的要素。

但与此同时，像与课堂学习任务无关的比赛、讲笑话之类的活动所营造的情绪，反倒会干扰学生对那些能引导他们学习和应用新的概念知识的微妙的情绪信号的感受能力。在IGT实验中我们看到，受试者如果过度焦虑、过于兴奋或心不在焉则难以掌握玩游戏的规律。要发挥情绪的作用，就要让情绪变成知识的一部分，让他们知道什么时候使用所学的技能，以及如何使用。特别是对于那些初学者或在学习上的投入或联系能力还比较弱的学生，支持他们的直觉能力的情绪信号很容易被扼杀在摇篮里。

因此，好老师要懂得把握好度。一方面，与任务无关的情绪在建立安全、快乐的课堂氛围的初期可发挥比较重要的作用。另一方面，太多与任务无关的情绪又会损害学生情绪能力的发展。教师要能有效地管理课堂的社会情绪氛围，必须要在这两种情绪之间取得平衡。他们需要积极地管理学生的情绪，帮助学生参与、信任以及逐步增强他们伴随着有意义的学习体验的积累而逐渐构建起来的微妙的情绪信号。随着学生在情绪能力方面变得愈加熟练，与任务无关的情绪将会消退，为积极投入的学习经验腾出空间。

## 神经科学视角下的情绪、直觉和学习

总之，大量最新研究成果表明，情绪与认知密不可分，情绪在理性思维中也发挥着至关重要的作用（Greene，Sommerville，Nystrom，Darley，Cohen，2001；Haidt，2001；Immordino-Yang，2008）。然而，目前很多教学实践却把情绪看成是无关紧要甚至不必要的干扰因素。在本章，我们探讨了情绪对学习的重要影响，指出学生积累的微妙的情绪信号能引导他们进行有意义的学习，帮助他们建立一套学术"直觉"（或悟性——译者注），知道如何、何时以及为何使用新知识。教师不仅不应将情绪从学习环境中排除掉，还应当运用这些神经科学的新视野主动营造课堂的情绪氛围，帮助学生捕捉这些微妙的情绪信号。随着学生逐步学会关注和提炼这些信号，他们会更善于把所学的东西在日常生活中触类旁通、举一反三、灵活运用。

# 第六章

## 创造力的神经生物学起源和进化起源：由对一个儿童诗歌的跟踪分析所想到的

玛丽·海伦·爱莫迪诺-杨

（文中诗歌由诺拉·明敏·杨所作）

**本章概述**：此短文为我与达马西奥合著的论文[2007（见第一章）]的再版而作。由我和女儿共同完成。在这一章中，我对她写的诗进行了剖析，意在阐明情绪和人际关系有助于组织我们的学习，甚至对儿童早期的学习（此处指科学课程）亦然。在我看来，所谓创造力本质上就是学习者利用关系、情绪知识来解读技术、学术信息的结果。

在文章"我感，故我学：论情绪和社会神经科学与教育的关系"中，安东尼奥·达马西奥和我指出，人类所有的思维和行为，特别是创造性或革新性的思维和行为都承载着人脑的原始的和进

## 第六章
创造力的神经生物学起源和进化起源：由对一个儿童诗歌的跟踪分析所想到的

化的目的，即确保身体的存活并在大千世界中舒适、高效、适当地生活。尽管神经科学只不过证实了我们本已了悟的东西，但科学证据确凿无疑地表明：大脑接受来自身体内部输入的感觉，不仅是为调节身体的血压和消化系统等保持其健康和正常的功能，还能在社会和情绪等主观体验方面发挥十分重要的作用。我们的思维有些是有意识的，有些则是无意识的。有时大脑通过调节我们的生理机能，向我们表征思想的情绪意义。由此，我们得以感受到具身的变化，将这些身体变化作为我们自身反应的信息来源。神经影像实验表明，我们用同一套神经系统既感知身体的信号，又感知人际关系、道德判断以及创造的灵感等信息。我们的确靠直觉（"gut feeling"字面意思是肠胃的感觉，也有直觉的意思。此处表示直觉其实就是我们肠胃的感觉——译者注）而活，这些直觉是大脑根据我们的信仰、经验和知识产生并被感受到的。

然而问题是，把创造力与生存相提并论的意义何在？例如，当我们爬进法国北部一个潮湿幽暗的洞穴中，把用嘴嚼过的颜料吐在那些雕刻有兽面的岩石上时，如何才能找到慰藉和高效的生活呢？或者，一个现代人在一个清晴的夜晚，凝望着黑暗深邃的夜空和月食，幻想着月亮的背面是何种风景时，他如何获得成就感呢？先别说我们怎样才能做到这些，为什么我们感觉非做这些事情不可呢？

简单的回答是，人类成了进化史上最互相依赖、最有社会性的哺乳动物，这些进化而来的生存机制能使得我们在社会生活中体验到幸福感。在大草原中能否存活，取决于大脑中的神经联结能否适应环境和认识环境，并通过特定的身体、心智的反应模式去应对周遭的环境。当我们不经意地瞟见可怕的东西时，我们会被吓一跳（肾上腺素猛然飙升）：那是毒蛇还是藤蔓？我们还是用同样的大脑和同样的逻辑帮助我们理解并生活在现代社会之中。老师的表情是不满还是赞许？我写的这首诗能否让他人切身体验到我的感受？我们彼此互相连接、心领神会、感同身受。见到令人沉醉的月色时，禁不住心中的想要表达内心的冲动，想去理解，并通过自己的经历去打动别人，为我们的行为、我们的作品和我们所学的概念赋予意义、寻求目的。我们是否拥有健康的社会身份认同与我们是否拥有健康的身体同等重要，因为我们其实是在同样的神经网络平台上感知它们。那么，为什么洞穴画家会在漆黑的岩洞里，还要忍受肚皮贴着阴冷、潮湿的岩石作画呢？或许他认为这样做能让他名垂青史，因而能获得成就感和满足感。画家通过自我表达而被别人欣赏，从而获得对自我的肯定。毕竟，站在每一幅画、每一首诗、每一篇散文或物理等式后面的是一个个活生生的画家、诗人、作家和物理学家（无论是从生物学还是社会文化角度看），他们都渴望展现自我并影响他人。当今神经科学研究表明，创造的感觉和由此产生的满足感，背后的动因或许来源于维持我们的身体存活和满足生理需求等这些最基本的神经机制。

这些小诗的例子虽然只是一件小小的趣事，却带给我们一些启迪。它揭示了儿童对自然世界和社会世界的认识的发展是怎样与她的创造过程交织在一起的，就如同远古那个神秘的洞穴画家一样。这些诗是她自己写的，而且是她发自内心想表达的。我们或许可以说她是因为进化出了一个现代的、社会性的头脑，而不得不写这些诗。因为就像古人和未来的人一样，社会和情绪神经科学研究发现：拥有社会心理是我们人类大脑的智慧遗产。进化让我们的身体感觉与生存能力息息相关,我们的社会心理驱使我们去创造有意义的东西,这些意义来自我们的注意、感知和理解。我们的身体离开了食物、水以及温暖,自然不会比古人活得更长,但我们不会满足于这些基本的生存需要。我们生物性的驱动力已成为认知发展的一个平台,并让我们以越来越复杂的方式去认识这个世界。我们需要理解、认识和分享彼此的经验。下面让我们分析一下一个小女孩在认识和理解这个世界过程中逐渐成长和成熟的过程。

**诗歌一　6岁2个月时**
哦,泰迪
整个地球也没有我们对你的爱心广大
地球转呀转不停
我们对你的爱也不会停
你让我们不知如何更爱你
因为你就是你呀
我们有你骄傲又有福气

这首诗原本是一首配乐儿歌,创作时作者在谱架上一边画一边唱给她弟弟泰迪听(见图6.1)。我喜欢这首诗(儿歌)是因为它恰恰体现了即便在最初级的学习阶段,都离不开情绪的参与。这个小姑娘是怎样表达她的家人对蹒跚学步的小弟弟的喜爱和自豪呢?她感受到的爱既有生物学层面的,也有社会层面的。她利用刚学的天体物理的一点知识,把她对广阔无边的感受比作她所知道的最大的物体——地球。把家人恒久不变的爱比作地球永不停息的旋转。最后,这首诗既表达了家人对小弟弟的宠爱之情,也体现了小作者对她所居住的星球的认知。

图6.1 诗歌一的原貌

**诗歌二　7岁3个月时**
**宇宙**
繁星飘浮着把地球环绕
地球宁静而美好
这会儿没有战火的喧嚣
彩虹缤纷又闪耀
云朵自由又逍遥
景色多么美妙

在这首诗中，作者展现了一幅从星星上观看地球时的景象。就像第一首诗一样，她对地球的描述饱含情感。不过，这次是关乎和平的意义。但是从发展的眼光看，作者学会了更加复杂的表达技巧，可以同时表达多重思想，并且结构更加清晰（她懂得要给诗歌添上标题和结尾了)。她向我们呈现了一幅"美妙的景象",并能用一些真实的证据来支持她的观点:没有战争的喧嚣、缤纷又闪耀的彩虹和自由又逍遥的云朵。她还用了一个她所能想到的最宏大的词来给这首诗命名,就像历代的诗人那样,她从最基本的天文学知识中获得灵感。

**诗歌三　8岁10个月时**
**让爱流过你的身体**
(一月之歌)
一个小宝宝
冬天依偎着妈妈睡觉觉
让他安静地睡吧
让他静静地眨眼吧
让妈妈的爱流过他的身体吧
别去吵醒他

这首诗选自一本诗集。其中为一年十二个月的每个月赋诗一首,并作为节日礼物送给小作者的母亲。这首诗的第一句描绘了一个正在酣睡的小宝宝。作者用一个全知的旁观者视角,告诉读者不要吵醒小宝宝的美梦。因为即便是睡觉这么一个简单的行为,也都体现了小孩一家人和谐美满的生活——母亲的爱在他体里流淌。有趣的是,这首诗的标题是对读者发号施令,似乎她现在可以有目的地表达她的想法,即她懂得了通过诗与别人(即读者)交流思想、指导人。从诗中几行的并列结构采用头韵"让"(let)的重复,可以看出她的语言驾驭能力在逐渐提高。

**诗歌四　9 岁 5 个月时**
处处生机盎然
每一天你都把新生命带给
地球
它长啊
长啊
直到有一天
再也长不了了
它尽力吸进最后一口气
倒下了
一个新生命
又降临了

　　这是最后一首诗，作者把地球这一反复出现的主题与她对生命和轮回的理解联系到一起。她再现了在诗歌一中所表达的思想，却用新的认知能力和重复的结构来表达。虽然在 6 岁时，她就能把一种宏大的思想（即对弟弟真挚、持久的爱）与另一种宏大的思想（即地球永不停息地旋转）联系到一起。而现在她已懂得，一个大的循环和轮回是由许许多多小的过程组成的。这种循环比早前的诗更能激发读者复杂的情感。诗的开头是庆祝万物生长，然后经历死亡，之后又迎来充满希望的新生。随着结构感的增强，她能够表达更加复杂的感受。不再像第二首和第三首诗那样按照常规的结构写，她懂得用破碎的短语和错位的形式表达新奇而有力的思想。

总之，把这些诗放在一起来看，就可以发现它们很好地诠释了安东尼奥·达马西奥和我在第一章中所提出的"情绪思维"。即便是关于这个世界的最枯燥、最具体的事实性知识，比如有关我们居住的星球的运转，一旦与这位小作者的生活、情感以及价值观发生关联，就会充满生命的活力。她所知道的一些浅显的科学知识成为理解和描写社会生活的隐喻的始源域，反之亦然——她也利用大家所熟知的社会关系的情绪来理解和欣赏大自然。随着年龄的增长，她开始掌握更多与其社会关系分离的、抽象的知识，她年幼时曾感知到的对物理世界的认识和在其中生活的体验之间的关联将继续成为激发她思想灵感的源泉。

## 致谢

所有的诗均由诺拉·明敏·杨所作。非常感谢丹尼·布洛杰特和乔安娜·克里斯托多罗对本文初稿提出的宝贵意见！

# 第七章

## 双例记——两位半脑男孩带给教育的启示

玛丽·海伦·爱莫迪诺-杨

**本章概要：** 本章主要来自我的博士学位论文中关于两位实施了大脑半球切除术的高功能青少年的研究发现。他们两位都是主动找到我，要求成为我的研究对象，并且都为自己取得的成就感到自豪。首先来的是尼可，他当时10岁，与他的父母和医生安东尼奥·巴图一道从阿根廷来找我。尼可尽管失去了传统意义上认为的对表达和理解情绪的抑扬顿挫（通过语言的音高和音调传达的情绪）而言至关重要的那个大脑半球（指右脑——译者注），却成长为一位懂事、合群、惹人喜爱的小男孩，而且他说话时一点也会不让人感到平淡、乏味。我非常好奇，按照神经学上的说法，他天生并不具备表达和感受情绪起伏的能力。他是如何弥补这项缺失的功能的呢？尼可的策略有助于我们了解普通的学习者如何弥补他们从神经学上看天生并不具备的优势,这会带来哪些启示呢?

正当我们对尼可的话语和情绪的表达及理解开展研究时,布鲁克也找上了门。他的年龄稍长些,我第一次见到他时,他已经快 18 岁了。他是同他慈爱的祖母和父亲一道来到我们实验室的。同尼可一样,布鲁克也非常合群、讨人喜欢,并且性格外向。他即将高中毕业,还告诉我们他今后的打算,说他非常热爱艺术和绘画。他会情不自禁地放声高歌,还喜欢模仿动画片中的角色说话,令我们捧腹。虽然他的宏愿听起来有点不靠谱,但是他的口头表达能力极佳,给我们留下了深刻的印象。让人难以置信的是,他失去的恰恰是近百年来一直被认为是负责说话的大脑半球(指左脑——译者注)!布鲁克说话时格外注重语调的起伏(有时听起来有些滑稽),而且不自然。这一特性与尼可的例子一道印证了我所笃信的成功学习的两个基本原则:(1)学习需要扬长避短,而不是削足适履;(2)学习是靠社会—情感组织的——孩子们的学习兴趣不仅仅关注其内容,还包括他们收集、解读和整合所接收的信息,并转化为自身能力的过程。

这两位年轻人的例子也说明学习是可塑的,即通过参与任务可以改变一个人的神经心理能力。传统观念认为,可塑性主要是学习者在面临问题时发展出新的解决问题的能力。而尼可和布鲁克的例子反而说明,可塑性也包括在具体情况下,学习者还能把劣势转化为优势。这说明,大脑的发展是一个主动的、双向的、动态的过程,即学习者解决问题的过程也是逐渐组织和塑造大脑的过程。反之,一个学习者的神经心理优势也会塑造它们解决问题的方法或倾向。

最后，尼可和布鲁克的例子也说明，与其了解某项功能位于大脑的哪个部位，不如了解那些功能为何位于那里更有意义；与其知道学习者能够做什么，不如知道他们为什么要这么做更有趣。

近年来，教育工作者越来越关注如何从神经科学的角度理解学习经验对儿童的大脑和认知发展的影响。人们也开始意识到大脑的发展是一个主动的、动态的过程。在这个过程中，学习者所使用的解决问题的方法实际上会逐渐塑造他们的大脑。反之，一个学习者所具备的神经心理上的优势会反过来影响他们解决问题的方法。由于学习与大脑发展之间是双向互动的，神经科学和教育学愈加需要共同协作研究儿童发展中的脑与学习是如何互动的。然而，尽管这一新兴的跨学科研究方法为我们探究神经心理学研究对教育的意义提供了史无前例的机会，但目前，我们对经验如何组织儿童的大脑和认知发展的基本原则还不甚了解。

## 尼可和布鲁克的肖像画

这里有两幅肖像展示了两种不同神经特质的人在处理同一任务时形成的鲜明对照。

尼可和布鲁克都很擅长画肖像，但尼可画画的风格是从他身旁的镜子看自己，然后一笔一画地画。他用排笔勾画出他的脸部轮廓（比如眉毛或耳朵），即使把其他部分遮住，也能辨认出他脸上的特征。而布鲁克的绘画方法截然不同。他画一些（用他自己的话说）毫无意义的小图案，但把这些图案当作一个整体看时，方可辨认出是一张脸。

图 7.1　布鲁克的肖像画　　尼可的肖像画

尼可的绘画方式体现了"左半球"思维的典型特征,即每个部分都有层次地组织到有意义的更大的单元中去。相反,布鲁克则展现的是"右半球"思维的典范,即只有把所有细节组合到一起,才能看出其意义。看到这些图画时,我不禁问自己:如果让我教绘画课(或任何其他科目),我该如何设计课程,能让这两位男孩在我的课上都能获益呢?

之所以缺乏这方面的知识,其中一个原因是:尽管教育工作者能凭直觉感到情感和社会因素对儿童心智的发展非常重要,但目前鲜有在大脑发展研究中融合情感和社会因素的相关研究。而神经科学对情绪的研究显示:情绪的生物性过程和认知加工过程之间形成复杂的、动态的反馈环路,我们身体与大脑之间的环路有时有意识,有时不被意识(Damasio,1999)。可以设想,当听到别人惨遭不幸时,你身上会起鸡皮疙瘩,或是突然想起埋藏在记忆深处的"9·11"事件。长期以来,在西方哲学传统中,理性一直占据主导地位(Damasio,1994;Haidt,2001)。现在我们知道,情绪大多是自动地、无意识地参与我们的行为和认知过程，并影响我们的决策、思考、记忆和学习（情绪的影响有时能被我们意识到，有时则不被意识）（Immordino-Yang Damasio, 2007；参见第一章）。增加了社会情绪这一维度，我们不仅受自身情绪、行为和心态的影响，还会受到别人的情绪、行为以及心理状态的影响，由此产生了一幅异常复杂的思维图景。我们对这些复杂的因素在教育中是如何呈现的还知之甚少。我们还不清楚不同文化、不同背景和不同神经心理特质的要素之间是如何相互影响以及如何感受和学习的。虽然只是有限的一些关于情绪在儿童发展中的神经科学研究（如 Baird, Gruber & Fein, 1999; Murray et al, 2006），已引起了教育界和公众的极大兴趣，要把这些研究发现应用于教育中却绝非易事，有时甚至会产生误导。因为不同于心理发展方面的研究（如 Case, 1997; Case & Okamoto, 1996; Fischer & Immordino-Yang, 2002），目前还缺乏一个好的理论框架去理解情绪是如何塑造神经心理能力发展的。

　　对控制大脑—经验之间关系以及情绪在其中的组织作用的发展原则的考察，为非典型但"高功能"的儿童进行的个案研究为我们打开了一扇窗。虽然我们对这些案例的解读需要保持审慎的态度，但由于他们能主动代偿自身神经心理的缺陷，这将有助于揭示隐藏在典型儿童发展中的组织原理。因此，这些特殊的儿童为我们研究这些问题提供了一个独特的视角。如果一个缺失了部分脑区的儿童仍然可以代偿这些脑区的功能，我们就有可能认识情绪和动机在其中发挥的作用，并初步了解神经心理能力的代偿功能。他们是如何学习原本看起来"不可能"学会的技能的呢？对这些儿童的发展进行深入细致的研究可以为探讨大脑发育过程中认知与情绪的功能关系提供一个有益的平台，并为理解正常典型发展的儿童建立一个理解其发展模式的理论框架。

## 社会情感、神经心理以及发展视角的三角关系——尼可和布鲁克的案例对于认识学习本质的启示

考虑到上述因素，本章希望通过对尼可和布鲁克这两位特殊的青少年（他俩及其家人都要求用真名）的发展进行神经心理的个案比较，阐述在发展过程中各种差异的价值。他们都因在幼年时期患有严重的大脑局部癫痫，不得不接受整个大脑半球的切除手术。我们对这两个男孩的案例进行比较，让他们完成一系列与教育和社会相关的任务，比如说话的语调和情绪，并与正常的同龄人的情况进行比较。设计这样的实验主要有三个理由：第一，一般认为说话时的语调和表达情绪的能力由特定大脑半球负责，因此研究这些能力能够对这两位男孩如何学会那些从传统观点看他们根本学不了的技能进行细致的评估；第二，该设计有助于揭示情绪在男孩学习中可能发挥的组织作用；第三，该设计也让我把对这两个男孩的研究发现与学习和广义的教育发展问题联系起来。

虽然切除了半个大脑通常会导致认知预后不良，但尼可和布鲁克发展出的代偿功能却大大超出了我们的预期。尼可在 3 岁时切除了大脑右半球，长大后却非常惹人喜爱，他喜欢社交，就读于西班牙的一所主流学校（他是阿根廷人，在本文测试开始时，他家搬到了西班牙）。他喜爱击剑、画卡通人物，还参加了学校的合唱团。每次见面时，他都笑吟吟地跑过来吻我的脸颊。布鲁克是在 11 岁时失去了大脑左半球，尽管有人预测他永远无法开口

说话。他却完成了高中的学业，并在我们的测试结束几个月后在一所业余大学学习。他同家人生活在一起，靠打工自食其力（比如，他曾在当地一家超市做过一段时间的杂货装袋工，后来在一家回收工厂做了分拣工）。虽然两个男孩都异常勤奋，但神经上的创伤依然存在。不过，他们都非常自信，并为自己取得的成就感到自豪。

像这种切除了半个大脑的案例毕竟是比较罕见的，而且我们也无法得知他们的成功是否跟他们手术前的神经状况有关。此外，他们的家人和老师在他们的康复过程中都积极配合。比如允许他们自由地学习，不以偏见限制他们的发展，不随便听从别人说术后该如何生活、如何恢复。另外，他们所在的学校也尽力帮助他们克服了一些机械运动方面的障碍，比如为尼可提供了计算机，教他学会打字，帮助他克服了书写时遇到的精细运动方面的困难。总之，对这两个男孩，我们仍有许多疑问。比如，他们为什么远比其他有着类似神经损伤的人恢复得好，虽然那些人中不乏一些教育背景和家庭支持远好过他们俩的。还有，他俩的大脑半球切除时的年龄不同，为何行为表现上并没有太大的差异呢？

尽管有种种疑问，但从发展的眼光看，尼可和布鲁克能够成功代偿他们如此大面积的脑损伤确实令人惊叹，这也吸引我们去探究：导致他们成功代偿背后的原理是什么？他们是如何代偿的？虽然他们的优势和劣势截然相反，但在发展过程中他们的大脑是如何解读情绪和认知经验的呢？从他们身上我们能获得怎样的启示呢？在本章中，我将通过分析他们的情绪能力是如何发展的，以及他们在说话时使用的语音语调（即情感语调）来研究这些问题。因为这些复杂的、与社会相关的技能通常需要两个大脑半球的共同加工，每一个半球负责一些特定的功能。由于这两个男孩都失去了一半的脑组织，了解他们在这些脑区的发展，将会给教育带来重要的启示，也将有助于我们了解语音语调及情绪在大脑中是如何加工的。

此外，在教育中我们通常假定不同的人都以相同的方式来解决问题。如一个数学问题对任何人来说都是同样的问题。但像尼可和布鲁克这样极端的例子说明，即便是处理低级的、自动的加工过程，他们都是以不同的方式进行的。尤其是他俩都代偿了他们所失去的那部分能力，也许得益于他们的教育环境为他们提供的支持，这两个男孩竟然能把他们的缺陷转化为各自的优势。因为根据他们大脑的神经特征，似乎看起来他们根本做不到的事情，却能扬长避短地做到了。

另外，对于这两个男孩而言，他们的情绪特质也极大地塑造了他们的大脑发展。也就是说，他俩在面对社会环境时表现出了不同的情绪偏向。比如，他们在解决诸如理解别人的话或说话等认知问题时，具有不同的情绪倾向。倘若这种情况也适用于其他学习者的话，教育工作者就需要认真思考教学中因材施教的问题，要针对不同学生的神经心理特质进行教学。例如，一道简单的数学习题，对某个孩子来说可能是一个语言问题，对另一个小孩来说则可能是空间的问题，而对第三个小孩而言或许是一个情感或社会的问题，因为他在意的或许是一个数学词汇引起的情感意义。可见，每个小孩都会从不同的角度看待这个数学题，并因此影响他们的成绩。也许神经心理学无法告诉我们该如何去支持和教育每一个具体的小孩，但它能帮助教育工作者更好地理解每个小孩可能会选用的解题策略（Immordino-Yang，2001a）。

## 在神经心理学视角下开展的工作

在解释这些案例之前,有必要先解释一下对于教育工作者来说比较陌生的,常规的神经心理学的方法。

在研究这些案例时,我们首先比较非典型的功能和典型的功能,以便了解正常功能所涵盖的过程和发展原理(Caramazza,1992)。也就是说,我们并不只是为了了解非典型的案例而研究他们,还因为它能够揭示所有儿童学习和成长的模式。当某些功能丧失或未能正常发展时,就为我们认识大脑和心智如何重组提供绝佳的机会。在本案例中,这两个孩子是经过大脑半球切除术后逐渐对他们的神经缺陷进行了功能上的代偿。

其次,要了解控制尼可和布鲁克大脑神经组织的原理,需要对他们在某一特定领域的技能发展的状况进行分析。简而言之,需要分析他们是如何做事情的。教育工作者最感兴趣的就是这个"如何",因为它是神经心理学发展中最易受成长经历影响的,其研究结论也最有可能推广到其他儿童教育的领域。过去的一些基于大脑的教育研究往往由于注重神经学的细节描写而一叶障目,未能关注一些重大的教育问题。在本文中,我采取了更行之有效的办法。在具体案例中,通过把神经科学视角融入教育学研究,思考学习经验与生物学特征和机制(包括情绪的机制)是如何相互影响的。

最后,神经科学长期以来有坚持定位说的传统,即把某种认知功能映射到特定的脑区(Harrington,1991)。而我们研究这些案例的兴趣主要是弄清在发展中大脑与行为之间的关系,以及经验在组织大脑和心智时所发挥的作用(Immordino-Yang,

2001b)。换句话说,我们的兴趣与其说是这些功能在大脑中的定位,不如说是要了解它们为什么发生在那些区域(Bates, Thal, & Marchman, 1991; Deacon, 2000)。这是一个前沿的研究领域,它影响着神经科学实验的设计和对实验结果的解释,而且该领域的研究已经可以成熟地运用于教育领域。因为教育工作者和发展心理学家意识到,支持行为表现的是背后的神经心理学机制。由于儿童的认知功能还未分化到特定的大脑区域,它们在大脑中的分布更广泛(Johnson, 2000; Snowling, 2001)。这意味着他们大脑的工作效率没有成年人高,但他们的可塑性更强,更有可能重组他们的神经回路(Bates et al., 2001)。随着年龄的增长和阅历的增加,他们的认知功能逐渐模块化和分区。与此同时,他们的脑网络越来越高效,神经的可塑性减弱,较不易受认知经验的改变。恰恰是因为大脑功能呈现从广泛分布的、低效的、可塑性强的特点向功能定位的、高效的、不易塑造的发展模式,才使得神经科学与教育学能紧密结合。因为对这种发展模式的认识有助于设计学习环境和学习体验。这也是我对研究尼可和布鲁克十分钟情的原因所在,因为他们的成功恰恰是得益于后天的不断发展。通过对他俩的深入细致的分析,我希望可以找到影响重构他们发展神经心理的代偿机制,进一步了解大脑发育与认知和情绪经验之间的互动关系。

## 跨越教育的鸿沟

在介绍完这些案例后,下面要思考一下它们对教育的启示。

第一,神经心理学大多偏重于研究认知或情绪的方面,当然,这主要是出于方法论上的考虑。然而，现实的学习环境和教育原理大多是思辨的产物。我希望采取折中的做法，一方面尽量缩小研究范围，使得研究的结果尽可能严格、准确；另一方面尽量开阔自己的视野，以便同时考察这两个男孩的代偿策略中情绪和认知的因素。

第二，本研究不是仅仅针对一种任务和一个层次的分析，而是从基本的神经心理加工的测试过渡到更加复杂、更加自然、更加接近于真实社会情境的测试。由此，可为神经心理学家和教育工作者提供一个针对教育研究的切入点。目的不限于了解这两个男孩做了什么，而是他们如何做到的。比如，在社交场合说话时需要使用恰当的语气语调，这两个男孩在社会语境中说话的语气语调与非社交环境下的语气语调是否一样呢？如果不同，是不是因情绪导致了这些差异呢？由于他们拥有完全相反的脑半球，这两位男孩的大脑加工存在哪些差异呢？

第三，为了更详尽地描述这两个男孩的情况，而不是仅仅提供一般性的神经心理学的数据，就需要从多个维度对同一数据进行分析，其中包括对情绪和认知、语气语调的表达与理解，以及对个别和群体等相关数据进行分析。

第四，要弄懂神经科学的研究，教育工作者最需要关心的是个体在学习环境中建构知识结构与塑造大脑之间是如何互动的。我的研究则主要针对上述问题，为研究发展的可塑性以及经验对神经的重组提供一个窗口。

因此，本章主要是描述事实。通过讲述尼可和布鲁克两人的故事，希望神经学家和教育工作者能携手共同探讨这些特殊案例对教育的启示。我首先从非专业的角度介绍这两个男孩的情绪以及他们说话时的情感语调(即情感韵律)。在本节中,我会粗略地介绍一下理论的动机、研究的方法和结果,以便非专业人士能了解该话题、方法以及相关的研究发现(有兴趣的读者可以参阅 Immordino-Yang,2005,获得有关情绪语调研究的完整报告)。在对结果进行解释时,我希望通过情绪这面透镜,让人们更深入地理解神经心理学关于话语的抑扬顿挫的情感表达的相关研究发现。在讨论部分,我探讨了这些分析对教育的意义,以便把这两个男孩的情形与更广泛意义上的教育的概念问题联系起来。总之,本章旨在探索一种全新的、更聪明的、基于大脑的教育研究,展现、探讨和运用神经心理学的相关研究推动教育理论的发展。

## 尼可和布鲁克的情绪韵律和情绪——掌握貌似不可能学会的东西

语言中的情绪是通过语调的方式表达的,也就是语气语调的抑扬顿挫,或称为韵律或重音模式(Crystal,1997;Monrad-Krohn,1947;Ross,2000)。通过操控说话时的语气语调,说话者可以表达各种情绪和语用意图,比如疑问时用升调,讽刺挖苦时用夸张的重读。

A:"明年夏天我要去廷巴克图。"
B:"你要去?"
C:"你要去?"

在这个例子中,B 和 C 均对 A 的旅行计划表示怀疑,但 B 认为应该是别人去或 A 不适合去,而 C 则原本以为 A 此前已决定不去。这些意义和情绪上的细微差别是通过语调和语言的伴随特征(如 B 和 C 的面部表情)表现出来的。

对正常发育的儿童来说,情绪和说话的语调可能很早就融为一体了,因此我们不大会想到去考察这两种能力之间的关系(Bloom,1997)。然而,对大多数成人而言,语言的句法和语义主要位于大脑的左半球,而右半球主要负责情绪韵律及其相关技能(Kandel, Schwartz & Jessell, 2000; Ross, 2000; Ross, Thompson & Yenkowsky, 1997)。这意味着,在正常的成长过程中,两个大脑半球之间需要整合,把相关的表达情绪的语调融入话语的句法和语义之中。

另外,非语言的情绪加工并不是专门由左半球或右半球负责,而是两个半球都承担部分情绪的加工。但左半球或右半球受损时的表现有所不同(Lezak, 1995)。因此,在过去的几十年中,有大量的研究尝试去推测两个大脑半球对情绪的加工情况,但至今仍存在许多争议。总的来说,人们都同意右半球与情绪的关系更密切(Adolphs, Damasio, Tranel, Cooper & Damasio, 2000; Compton, Heller, Banich, Palmieri & Miller, 2000; Perry et al, 2001),特别是对面部情绪的表达(Borod, Koff, Yecker, Santschi & Schmidt, 1998; Corina, Bellugi & Reilly, 1999),以及对负面情绪的感受和感知(Campbell, 1982; Jansari, Tranel & Adolphs, 2000),右半球更敏感。

尼可和布鲁克都缺失一个大脑半球,却拥有完整的语言功能,他们是如何对语调或情绪功能进行代偿加工的呢?由于神经上的损伤,他们都失去了由相应大脑半球负责的一些技能,都失去了伴随话语的情绪表达的那一半神经组织。

有一条线索可以帮助了解他们之所以能有如此良好的表现，即他们并不是仅仅依靠负责基本层次的感知机制的认知能力去代偿使用和理解情绪的语气语调的，还需要依靠情绪动机和策略。虽然对实施大脑切除术儿童的语言能力进行康复的工作已经有了相当长的历史（Boatman et al.，1999；Piacentini & Hynd，1988；Smith & Sugar，1975），但几乎没有对这些儿童的情绪或语调加工的相关研究，只是注意到严重大脑损伤通常会导致行为和情绪问题（Hawley，2003）。左右半球小面积受损导致的情绪（Trauner，Nass & Ballantyne，2001）和话语语调（Trauner，Bal lantyne，Friecllancl & Chase，1996）缺陷，在左半球和右半球受损人群中几乎没有什么差别，尽管右半球受损的病患在面部情绪识别测试中的表现要比左半球受损的病患更差（Voeller，Hanson & Wendt，1988）。

这些尚无定论的结果也许与儿童大脑的加工不像成人那么有明确的分工有关。即儿童的大脑加工在大脑的分布更加广泛，没有完成功能分区或分工。因此，他们的功能区的可塑性更强（Kandel et al，2000）。儿童的脑损伤后，不管是缺陷模式还是康复模式（Bates et al.，2001）都与成人不同。相比成人，儿童受损脑区所对应的神经心理功能缺失就不像成人那么容易预测。此外，虽然有过脑部严重损伤的儿童通常无法赶上同龄人，但有时他们能获得惊人的康复，成人则不然（Reilly，Bates & Marchman，1998）。简而言之，得益于儿童的大脑具有较高的可塑性，那些剩下的脑区也许可以代偿受损脑区缺失的功能。由于不同儿童的脑损伤康复的途径存在较大差异，个案分析可为探究他们康复的走势以及相关的可塑性提供启示。

其实，问题的根本在于未受损脑区多大程度上承担了受损区域的加工任务，以及它在多大程度上对认知功能进行调整，产生适应自身的加工模式。在本研究中，尼可的数据清楚显示，左半球完好的尼可能通过上述两种方式来加工语调。他能够和同龄人或年龄比他稍小的儿童一样处理语调。这说明他的左半球必定是接管了正常人靠右半球加工的那部分功能。或者说他的左半球能够用加工语法的方式来加工语调（语法本身是左半球负责的）。实际上，他确实是把情绪问题当成语法问题来加工了。因此，他的数据模式与正常儿童存在根本的区别。

这种区别给教育带来了启示。第一种情形表明，可塑性主要利用新的优势来解决所面临的问题；第二种情形表明，至少在有些情况下，可塑性意味着把认知问题转化为适合自身优势的加工模式。尼可和布鲁克为研究这一差异提供了宝贵的案例。作为比较极端的情况，他们为研究通常情况下不易发现的大脑加工过程提供了独特的视角。所有儿童（实际上也包括成人）都会积极、主动地同化和适应来自外界的新信息和问题。我们对这个过程了解得越多，才越有可能设计出更好的学习和体验的环境。简而言之，作为教育工作者，有必要关注尼可和布鲁克的神经功能代偿的情况，因为它对所有儿童的教育都具有潜在的启示。

因此，我们又回到了如何将教育与神经科学对接的问题上来了：通过这两个男孩的案例我们可以清楚地看到，所有儿童需要不断调整他们的大脑，才能应对成长过程中来自外部世界的挑战。尼可和布鲁克在多大程度上通过调用他们现有的脑组织代偿所缺失的功能？又在多大程度上将所加工的问题转换为适合他们剩余的脑组织的优势？要回答这些问题，我们需要进入方法和结果部分。下面我们将首先讨论情绪韵律，然后讨论非语言的情绪。

## 做科学研究——发展和社会框架内的案例比较分析

我的研究设计有四个部分。首先，比较尼可和布鲁克与对照组男孩对非语言情绪和情绪韵律表达和接受的情况，以便了解这些男孩在这些功能方面的特点，并研究他们在实施大脑半球切除术后，情绪和语调功能的共变情况（见表7.1）。既做情绪韵律的接受又做情绪韵律的产出的测试，是因为从神经心理学角度看，它们使用不同的技能、策略或神经心理学机制，尤其是尼可和布鲁克都主动从认知和神经上代偿了他们脑部的重大创伤。分别对他们二位以及每一种测试项目收集了一组比较数据，包括至少3位8岁、10岁、12岁年龄组儿童的横向跟踪数据，以及来自10位年龄相当的对照组受试和3位成人的数据（成人数据只是用于数据的验证，但在分析时不会考虑在内）。所比较的男孩为单语者，他们的父母为说英语的美国人，或说西班牙语的阿根廷人。他们没有学习障碍和神经性或听力上的问题，而且这两个男孩的方言也与他们的母语相配（一个是布宜诺斯艾利斯的西班牙语，一个是东北部的美式英语），他俩的社会经济地位以及学业能力也相当。

采用埃克曼（Ekman）面部表情识别测试，这两个男孩所做的测试结果都显示，他们的识别能力从易到难，形成一个连续统。这表明他们对该技能的掌握是逐渐走向熟练的。在这项研究中，我把业已成熟的研究情绪和认知的微观发展方法（Fischer &

Bidell，1998）扩展到了语调的研究领域。其中，我们假设单一的构念如描述高兴的感受或对某人用第一人称视角进行描写，在发展水平上要低于复合性描述或展示一系列的构念，比如对高兴与相互信任的复合性情绪的描写，或从第二人称的感受去理解一个人的想法。至于表达语气语调的韵律，我认为单一的语调特征（如升调）没有复合语调（比如讽刺、挖苦这类更微妙的情绪信息）复杂，发展水平更低。因此，我在现有的情绪、语调强度和情绪效价的临床神经心理学维度中引入了发展这一视角。

表 7.1　关于实验设计、测量、研究问题和分析的概述

| | 情绪 | 语调 |
|---|---|---|
| 接受 | 埃克曼面部表情识别测试（Ekman & Friesen，1975）<br>**研究问题**：相对已有的标准，如何来刻画尼可和布鲁克对情绪的接受能力？<br>• 110 幅演员的面部情绪特写照片，包括愤怒、厌恶、恐惧、高兴、惊讶、悲伤和中性情绪<br>• 对情绪识别能力进行数据分析，以及负向（−）或正向（+）情绪的偏向特征 [比如系统性地把恐惧（−）当作惊奇（+），或把中性情绪解读为负性的]<br>• 存在已有的规范；无须比较受试者 | 爱莫迪诺-杨的语调区分和理解测试<br>**研究问题**：如何从由易到难的发展以及从是否符合规范的角度来描写尼可和布鲁克的语调接受的情况？<br>• 设计了录音测试来测量抑扬顿挫和重音（如音高的升高或降低）的基本差别，并在故事的语境中理解这些特征（如嘲讽或真诚的语气）<br>• 对受试者整合越来越复杂的线索的能力（如故事的语境和说话者的语调）的发展性数据进行分析，以及解决问题的策略（如采用的视角）的规范化<br>• 对从 10 位年龄和语言与尼可和布鲁克相当的儿童，还有 3 位讲他们各自语言的成人，以及 3 位讲他们各自语言的 8 岁、10 岁和 12 岁的儿童中收集的数据进行比较 |

续表

| | 情绪 | 语调 |
|---|---|---|
| 产出 | 自我在关系中的访谈（SIR）（Fischer & Kenndy，1997；Kennedy，1994）<br>**研究问题**：与正常发育的男孩相比，如何描写尼可和布鲁克情绪产出的复杂性、效价以及强度？<br>• 临床式的情绪访谈，要求参加者描述自己对于重要的个人之间关系的感受和想法<br>• 对复杂度（即在关系中，表征和整合多种情绪的能力）、效价（如在描述某一关系时，偏向负性的还是正性的方面）以及强度进行数据分析<br>• 充分描写他们典型的表现；无须对照受试者 | Immordino-Yang 对 SIR 中自然话语产出的分析<br>**研究问题**：与正常发展的男孩相比，如何描写尼可和布鲁克说话时的抑扬顿挫？<br>• 使用口语分析软件，在听一个故事后，分析句子层面的抑扬顿挫的波动<br>• 对音高波动量和不同话语中音高分布的范围进行数据分析<br>• 对3位年龄和语言与尼可和布鲁克相当的对照组男孩，在他们听到一段故事后，录音记录下他们表达感受和想法时的数据 |

\* 所有男孩都用他们本族语的方言进行测试。对照组男孩为单语者，分别在尼可和布鲁克的国家（即阿根廷和美国）所居住的地区进行了测试。测试发展、数据分析和信度编码均得到了阿根廷的西班牙语本族语者和美国的英语本族语者的帮助。

## 语调

我大多用现成的程序来描述男孩们的情绪行为，但由于缺少合适的评估语调能力发展的手段，我只好自己设计测试工具。基于相关文献中关于发展和神经心理学的思想和发现，我设计的语调接收性测试包括一系列录制好的题目。其中,要求受试者作答并给出理由。这些测试题一开始只是简单地要求受试者区分话语中的韵律模式,然后逐渐提升难度。最终目的是测试说话者在自然故事中是否能对情绪的意图进行推理。

题目的设计是通过系统操控背景信息和语调信息,看受试者能否把这两项整合起来预测故事的结局或推测说话者的情绪。

例如,主要要区分故事的两个项目:语境和语调。测试项目的举例如下:

John 和 Joe 正在公园里踢足球。John 把球踢向球门……
……球从球门立柱弹回,打到 John 的头。(故事结尾被设定为"语境")

或

Joe 说:"好球!"(故事结尾被设定为"语调")

为什么 Joe 说那是个好球?
Joe 是认真的,还是在开玩笑,或是在说谎?
你是怎么知道的?
John 真的踢了一个好球吗?

在上述每种情况下,参与者都要判断故事的语气究竟是讽刺的还是真诚的,并通过一系列的后续提问来证明他的观点。在特定语境下的判断取决于说话的方式与故事内容是否一致。也就是说,如果不一致则说明说话者是在开玩笑(或撒谎),如果一致则表明是真诚的。在语调情形下,由于根据故事的语境无法明确判断说话者的意图，参与者必须只根据语调来判断说话人的意图。

**表 7.2  语调接受测试的条件、示例和评论**

- 区分陈述的降调模式和疑问的升调模式：如"你有只猫"vs"你有只猫？"（这从神经心理学上看是比较鲁棒的，代表最基本的使用声音语调理解说话者的意图的能力。）
- 区分口语中的韵律模式（"调性变化匹配"）：受试者听两个音节数相同但语调不同的短语，然后将"na na"上的语调模式与原始短语中的一个进行匹配。（条目中主升调和主降调的数量大致相当）。
- 区分表达不同意义的重音模式：让受试者区分形式相当但重音不同的短语（英语）或单词（西班牙语）如"hot dog"vs."hotdog"或"papa"（爸爸）vs"papa"（土豆）。
- 理解故事的语境，并用于预测说话者的意图究竟是开玩笑、说谎，还是说实话："John 和 Joe 正在公园里踢足球。John 把球踢向球门。球从门框弹回，打到了 John 的头，他滑倒并跌进一个泥坑。Joe 跟 John 说，好球。"为什么 Joe 说那是好球？
Joe 说好球时，他是认真的还是在开玩笑？
你是怎么知道的？
John 真的踢了一个好球吗？
- 在听我讲了一个具有讽刺意味的故事后，让受试者辨别故事最后的叙述到底是讽刺的口吻还是真诚的语气，并将这些语气与说话者的意图（比如开玩笑、挖苦贬低或认真）联系起来："John 和 Joe 正在公园里踢足球。John 把球踢向球门。Joe 说：'好球！'"（接着提问与语境有关的问题。）
- 把故事的语境与语调信息整合起来推测故事的结局，或选择一个恰当的语气来结束故事：有 13 个选项，比如"在从学校回家的路上，Nina 来到一家糖果店说要买一个橘子味的棒棒糖。商店的女士递给她一瓶橘子味的汽水。Nina 说：'不好意思，我要的是橘子味的**棒棒糖**。'或'不好意思，我要的是**橘子味的**棒棒糖。'"（根据语境判断，第一个选项是正确的，因为根据说话者的重音和语调，是商品的类型错了，而不是棒棒糖的口味给错了。）

若无特别说明，通常每个测试条件中有 10 个题目和一个试用题。

我从两个层次对这些数据进行了分析。首先，我给受试者对每道题目的回答进行评分——对或错，并计算对照组的统计数据。

然后用标准方差比较尼可和布鲁克的得分与他们的同语言对照组的平均得分，还和同语言同年龄的平均得分进行比较。然后，我对尼可和布鲁克在测试中对故事情景的解释做了定性和定量分析，并概括出他们采用的策略的特征。在实验中，我分析了尼可、布鲁克以及对照组的男孩们是如何解释他们判断对或错的理由，以及尼可和布鲁克是否使用与他们同龄人类似的策略来判断他们的发展是否正常；或者说，他们是否使用的是更年幼的儿童的策略，来判断他们是否属于发育迟缓；抑或他们是否遵循完全不同的发展轨迹。我尤其感兴趣的是尼可和布鲁克是否能通过说话者的语调来判断说话者话语中的讽刺意味以及其他的情绪和社会策略的使用。数据分析的维度包括：

- 判断说话者的意图，比如是开玩笑、撒谎、说实话，或是其他什么的组合；
- 选取的视角，包括对故事人物的情绪或心理状态的推测；
- 重述、推理或推测故事中的事实信息；
- 把个人经历作为判断故事中人物的参照点；
- 确实依赖语调信息作出判断；
- 用一般性的规则作为判断故事人物的依据；
- 他们回答中的内部逻辑是否具有一致性和合理性。

（关于编码和分析程序的详细描述请参见 Immordino-Yang，2005。此处和下文中，我将比较分析的基础，因为这是把一个男孩同一组男孩进行比较最合理的方法。）

对语调产出的分析是基于对他们回答问题的原始录音的声学特征分析，研究他们语调接受测试阶段自发的说话。由于情绪韵律最重要的声学特征是对音高的调控（Bolinger，1989；Crystal，

1997；Ohala，1984；Scherer，1986），其技术术语为"基础频率"（fundamental frequencey），我测量了每个男孩每句话的最低音高和最高音高，并用最高音高减去最低音高得出每句话的音高范围。由此，我可以大体上掌握男孩们说话的音高特点，此神经心理学技能与情绪密切相关，而且尽管两个大脑半球都会参与，不过大多数人主要依靠右半球（Cancelliere & Kertesz，1990；Kotz et al，2003；Pell，1998；Pell & Baum，1997；Ross et al，1997；Schlanger，Schlanger & Gerstman，1976；Starkstein，Federoff，Price，Leiguarda & Robinson，1994；Tompkins & Flowers，1985；Van Lancker & Sidtis，1992；Van Lancker-Sidtis，2004）。

## 情绪

　　这项研究包括两项情绪测试，一项是产出测试，另一项是接受测试。要描写尼可和布鲁克情绪产出的复杂度、效价和强度，对每个男孩都进行标准的认知和情绪"关系中的自我"（SIR）访谈（感谢哈佛大学教育学院的凯瑟琳·阿尤布提供本文分析所需的数据）。此临床治疗的访谈可以为每位参与者提供一个支持情景，让他们描述自己在与重要的人的关系中对自己的感受和看法。该方法对支持青少年建构复杂的自我感和自我认知乃至评估他们发展水平都是非常实用的（Fischer & Kennedy，1997；Kennedy，1994）。访谈时，要求参与者用形容词来描述他们在与对他们重要的人的交往中的感受，并对这些形容词在图表中标上正性、负性或中性的效价，以解释不同情绪之间的关系。通常，大多数青春期男孩会用各种正性和负性的词语描述他们的感受来解释不同的感受是如何混合在一起的。与布鲁克同龄的男孩应该能够把情绪与关系整合在一起，形成他们对亲密关系的感受、想法和行为的抽象认识（Fischer & Bidell，1998）。由于已有大量的研究对不同年龄段青少年的典型行为进行过描述，我就没有收集这一阶段的比较数据。

数据分析中既要弄清楚划分情绪效价的依据，即哪些属于负性情绪（如悲伤、愤怒），哪些是正性情绪（如高兴、安全），又要弄清楚划分情绪强度的依据。为此，我查看了这两个男孩用过的形容词列表和他们对这些形容词的效价。比如，尼可给人的印象是非常积极乐观。所以，要特别问他是否会说自己感到悲伤或沮丧等负性感受。

接下来我评估了他俩对情绪复杂性的理解能力。看他们是否能把某一情绪（如高兴）与其他的情绪混合起来，或把不同人际关系中相似的情绪进行融合。例如，布鲁克在谈到把他抚养长大的祖母时是否会用复杂的方式整合他的各种情绪？比如，能否描述带给他安全感的祖母，但因对他严格管教，也让他心生怨愤的复杂情绪？抑或他只是简单地把几种情绪罗列出来，如安全和怨愤，而不是把这两种情绪融合在一起？还有，他说到正性情绪的词语和负性情绪的词语时，表达负性情绪词语之间关系的复杂性和表达正性情绪之间关系的复杂性是一样的吗？

此外，我们还用埃克曼的面部情绪表达识别量表（Ekman & Friesen，1975）测量了尼可和布鲁克区分基本面部情绪的能力。量表中有110幅演员的不同面部表情的特写照片，包括愤怒、厌恶、恐惧、快乐、惊奇和悲伤，还包含一些表达中性情绪的照片。这些照片都是为研究基本情绪和跨文化情绪以及神经心理学而开发的（Lezak，1995）。我们要求尼可和布鲁克看了这些照片后辨别它们所表达的是什么情绪。

然后用下面两种方法来分析他们的反应。首先计算他们回答正确的百分比，进而把他们的错误归类，并制成表格。然后，我对他俩的反应进行了二级分析，看他们回答正确和错误结果的背后的原因是否存在系统性或倾向。比如，尼可是否容易混淆恐惧和厌恶等负性情绪，但却能准确区分快乐和惊奇等正性情绪。抑或，看他或布鲁克是否会有把负性情绪判断为正性情绪的倾向，比如混淆厌恶和惊奇？然后根据 SIR 访谈的结果去判断他们俩的情绪认知特点。

## 建立脑与学习之间的联系——情绪是语言学习的关键

总的来说，尼可和布鲁克都能很好地代偿他们的话语语调能力，能够从别人的语气中准确判断说话者的意图究竟是讽刺的还是真诚的，他们说话时也能恰当地表达抑扬顿挫的语气语调。然而，我们经过仔细分析发现，他们不但使用一些非典型的策略来理解故事人物说话的语调，而且他们自己的语气语调也通常很夸张、不合常规。比如尼可可以马上判断出说话人的语气语调，但不太能说清楚他如此判断的理由。而布鲁克需要仔细琢磨别人说话时的语调和情绪，经常要借助自己的经历来理解说话人的情绪。在 SIR 访谈中，他俩的情绪表现也不尽相同。布鲁克细述说了他如何极力克制自己的负面情绪，而尼可压根不喜欢谈论情绪的话题。他俩识别面部情绪的准确率还不错，但是布鲁克的错误不像尼可的错误那么有系统性，即尼可的错误是可预测的，通常情况下他容易把有情绪的面部表情当作是中性的表情。总之，尼可比较回避情绪，喜欢把情绪信息当作"准语法"的通道和记忆的通道进行加工，而布鲁克异常喜欢用语气语调表达情绪。可见，他们俩都充分利用他们各自在神经心理学上的优势，即利用他们所剩下大脑半球拥有的情绪优势代偿他们失去的功能，而不是削足适履——让他们所剩的大脑半球去做他们失去的大脑半球的工作。

## 语调

理解他人的话语语调。图7.2所示为尼可和布鲁克相对于相同语言的同龄人在语调区分任务中的得分。前三种测量的任务只与语言学的特征有关，即仅与音高有关而与情绪无关。有意思的是，在完成这些任务时尼可表现得非常娴熟而布鲁克的表现则通常略低于平均值，因为尽管右半球有很强的加工音高的能力，但布鲁克在这些任务中并不能有效地代偿左半球在这方面的功能，原因可能是缺乏情绪方面的内容。相反，尽管与音高有关的任务更多地与右半球有关，但尼可在完成这些任务时表现得非常好。尼可和布鲁克所进行的这些简单的测试的结果表明，语调与情绪在发展过程中是密切联系的。即在布鲁克的发展中，他的音高和情绪联系在一起，而在尼可的发展中这两个语言维度分离了。

后三项任务是围绕着故事设计的，旨在评估他们俩能否用音高信息对故事中人物的意图进行社会的和情感的推理。我们发现其中存在一个有趣的模式。尼可在语境和语调环境下的表现与其他同龄人不相上下。他虽然失去了用来处理句子层面的语调和情绪的右半球，还是能根据语调判断出别人话语中讽刺的意图。布鲁克在有语境的条件下的表现也与同龄人基本相当。不过，如果只提供语调信息让受试者推测故事中人物的情绪或社会意图时，他的表现比一贯表现良好的同龄人还要高两个标准方差。其实，布鲁克格外喜欢并擅长用语调来推测别人说话的情绪和社会意图。最后一个故事需要将语境和语调信息结合起来才能回答正确，布鲁克和尼可的表现都有些欠佳。

　　基于这三个故事的研究发现了一些有趣的现象：这两个男孩在只有语境或只有语调的任务中，能很好地代偿他们缺失的功能，但让他们把语境和语调结合起来时则表现不佳。此外，尼可在语调任务中表现良好，而布鲁克的表现则异常优秀。显然，要理解这些行为模式，不仅需要对这两个男孩完成任务的能力进行评估，还需要进一步了解他们各自使用的社会、情绪以及认知的策略。也就是说，如果深究的话，或许这些任务对他俩是根本不同的认知和情绪问题，这种差异反映了他们所使用的不同的代偿机制。

　　因此，我们又比较了他俩是如何为他们在语境和语调条件下的回答进行辩护的。最突出的特点是尼可和布鲁克对语境条件下故事的描述稍异于常人，而他们在语调条件下故事中的描述则完全不同于常人。在语境条件下，布鲁克使用的推理策略稍微比对照组男孩过头，而且他也比对照组的男孩更固执。比如，在回答问题时他会说"我是怎么知道的？因为故事里就是这么说的呀"，或者说"因为我能通灵嘛"。在其他方面，他在语境条件下的故事中的策略则与常人完全一样。

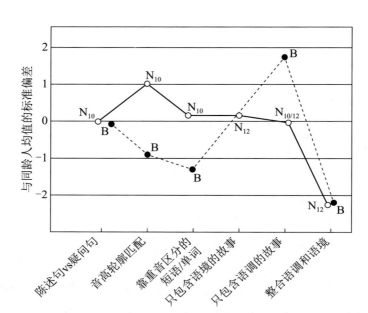

图 7.2 所示为尼可和布鲁克相对于同语言的同龄人的语调区分能力的标准偏差。测试难度大致按从左至右的顺序。$N_{10}$ 和 $N_{12}$ 表示尼可分别在 10 岁和 12 岁时。B 代表布鲁克 18 岁时。注意：布鲁克在只有语境的故事中的得分没有计算在内，因为得分之间的差异很小，计算出来的标准偏差意义不大。（满分 10 分，得分在 9 分和 10 分之间；布鲁克得了 9 分。）

然而，在语气语调条件下，布鲁克不同于与对照组的情况就比较复杂了。他倾向于归因说话人的意图，并过多使用第二人称视角来回答我们的问题。在 13 个问题中，有 11 个他都增添了一些不相干的信息，用自己的经历来解读故事的次数要超过同龄人 9 倍，特别是在这 13 个题目中有 7 个他都直接模仿故事中人物说话的语气语调。这比同龄人高出 5 倍以上。总之，在语气语调条件下，虽然布鲁克能非常准确地判断说话者的意图，但是与同龄人相比，他更多的是依靠揣测和共情故事中人物的意图、情绪和语气语调，还带入自己的经历来判断那些测试题的。此外，布鲁克还会注意到语气语调所传递的情绪，以及这种情绪在故事中表达的含义。例如，在一个故事中，姐姐打趣妹妹道："是啊，我当然知道你有一堆作业！"布鲁克回答道："她是在打趣她吧。不过，我觉得她也是认真的。好像两种意思都有……打趣她妹妹的意思是'你根本就没有作业'（以打趣的口吻说）。那就是打趣她。认真的语气就像'你当真有作业？那可真够讨厌的'（以认真过头的语气说）。那就是认真的态度。所以，这句话是两种态度兼而有之。"所以，布鲁克认为故事中人物的意图听起来是嘲讽的或认真的语气，并解释他认为故事中的人物的初衷是这两种语气的混合。

还有一个例子。在描述他是如何判断故事中的说话者撒谎说她在足球赛中进了10个球而其实只进了1个球时，布鲁克说："她不想承认她只得了1分……当然你也不可能得10分。照说你顶多能得5分。因为一般在比赛中，我顶多能得两三分而已。"在这个例子中，布鲁克带入了自己的经历，尽管这个故事已经交代清楚了这个女孩进了多少球。

尼可的应答策略也是不同寻常的，特别是在语调条件下。不过，他回答问题的模式不同于布鲁克的。在语境条件下，尼可的表现与同龄人差不多，不过更倾向于从自己的角度，而不是从故事中人物的角度来回答问题。而在语调条件下，尼可明显不同于同龄人。比如，他比同龄人更少采用一般的策略来复述和谈论故事中以第一人称视角或语气语调说话的人物的信息，无法充分考虑故事中人物的情绪。他不大谈论故事中人物的感受、动机和语气。他说话喜欢一语中的、一针见血地判断故事中人物的语气，而不是去揣测人物的情绪或别的意思。例如，在语气语调条件下，他有好几次都声称："我怎么知道她在开玩笑的？因为我听到了呀。"这里，尼可判断的准确率虽然与同龄人相同，但是他并不清楚他凭什么那样判断。

尼可和布鲁克是如何利用语气语调的呢？鉴于关于语调的产出的神经心理基质的研究远少于关于语调理解的神经心理学研究（Schirmer，Alter，Kotz & Friederici，2001），并且考虑到音高变化在情绪语调表达中起着重要的作用（Pell，1999；Ross et al.，1997），本小节研究了尼可和布鲁克在上述语境和语调故事条件下使用音高的差异，并把他们各自说话的方式与三个同龄的对照组男孩的进行了比较。

一般而言，成年人的右半脑受到损伤会导致说话时的音调曲线平直、语调单调（Cohen，Riccio & Flannery，1994；Heilman，Leon & Rosenbek，2004；Pell，1999），而左半球损伤则会导致轻微的情绪韵律困难，比如说话的时间把握不当，却被看作是语气语调的问题（Danly & Shapiro，1982；Candour，Petty & Dardarananda，1989；Schirmer et al，2001；Van Lancker & Sidtis，1992）。但让我意外的是，我发现无论是失去了右半球的尼可，还是失去了左半球的布鲁克，都比同龄人的语气语调更富有变化。尼可的表现不太明显，而布鲁克有时说话的语调显得很夸张甚至滑稽，特别是在他自黑或拿自己寻开心时。对他们的话语分布进行统计比较显示，尼可和布鲁克的平均音高范围要显著高于同龄人，而且他们音高范围的分布明显偏向右边，同龄人在相同语境下几乎不大可能这样说话。

此外，他们的音高范围分布曲线比同龄人要平直，这说明他们没有一个可靠的"无标记的"语调状态。即他们说话时，音高变化很随意、没有章法（见图7.3），这在布鲁克身上尤其明显。他在平时说话时的语音语调、抑扬顿挫显得很戏剧化。而在尼可的身上表现得不太明显，他说话的语气语调与同龄人类似。

图7.3（a）为布鲁克与对照组男孩话语音高范围的分布比较。注意对照组男孩的波峰分布在40赫兹上下，而布鲁克的音调分布曲线更平缓。另外，还要注意布鲁克音高分布曲线还带有一个长长的正值尾巴。

尼可和布鲁克的不同寻常的语调产出的结果或许可以归咎于他们发展中的代偿机制（成年人则不具备这种代偿机制）。从他俩解决语调和情绪问题时使用的不同方法，为我们研究相关问题提供了一系列的思路。布鲁克的情绪表达强烈，特别是在需要根据语调来推理说话者的意图和情绪的语境下，他主要是通过夸张的语调来表现。对尼可的声调语言的分析为研究左半球的语调特征提供了一个案例（Candour et al，2000；Hughes，Chan & Su，1983；Moen & Sundet，1996；Packard，1986）。在声调语言中（比如汉语中的普通话），语调既用来表达语法或词汇信息，也传达情绪信息。就声调语言的使用者而言，右半球主要用于情绪韵律的加工；左半球则专门用来加工语调的语法信息（Candour，Ponglorpisit & Dardarananda，1992；Candour，Wong & Hutchins，1998），比如区分不同的词语。尼可很有可能是通过学习和模仿非情绪的、"准语法"的机制来揣测语言的语调模式——事实上，他就像汉语使用者通过记忆词语不同声调的方式来记忆特定情绪意义的音高模式。如果真是这样，他过度使用语调的倾向可能是他过度代偿左半球的平直声调所致。他之所以这样做也许是为了能让自己合群。

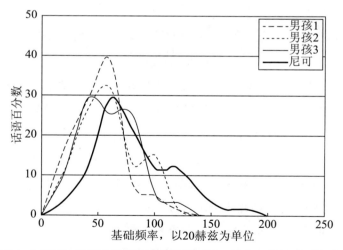

图 7.3（b）尼可和对照组男孩话语音高范围的分布。注意：对照组男孩的分布峰值在 60 赫兹左右，而尼可的分布明显偏右。此外，尼可的分布也带有一条长长的正值尾巴。

## 情绪

我们又让尼可和布鲁克补充了两项情绪评估：一是 SIR（Self in Relationships，关系中的自我）访谈，它一般是用于调查参与者对自己与亲朋好友等重要的人际关系的感受和看法的临床性的访谈（Fischer & Kennedy，1997；Kennedy，1994）；二是常规的面部情绪分辨测试（Ekman & Friesen，1975）。尼可和布鲁克在这两项测试中的情绪都异于常人：他们在识别面部表情方面的准确率要低于正常水平，对亲密关系的感受不及正常人复杂，而且他们之间也有较大差别。布鲁克可以娴熟地主动区分负性情绪和正性情绪，而尼可无论是在谈论正性情绪还是负性情绪时，似乎都会感到不安。

在关系中的自我（SIR）访谈中，研究发现青少年大多很喜欢做 SIR 访谈，但布鲁克明显不喜欢多想或谈论他的私人关系。他形容自己性格"温和而坦率"，但他只能靠具体的例子来定义他所说的这些概念，比如"坦率就像是……只要有需要，你都可以向朋友倾诉。遇到困难什么的，他们能理解你。"当要求他形容他的感受时，他唯一能立马想到的词是"高兴"以及一些消极的词，如"不安"。谈到他的手术和住院情况的时候，他使用了诸如"神志不清"（psycho）（其实他想表达的意思是"愤怒"。因为手术后，他只能待在医院里，他哪儿也去不了）和"无能为力"之类的词。让他描述一下他的私人关系，比如与他最要好的朋友 Pete 的关系，他显得很不情愿，甚至直截了当地拒绝去想一下他俩的关系。比如，非要他谈谈他与 Pete 在一起喜欢做什么时，他说："我们是朋友。我们不像男朋友或女朋友的关系……我也不了解 Pete 的生活到底是什么样子！我又不是他妈。"

不过，访谈行将结束时布鲁克告诉我们，他会设法让自己保持积极的心态。当话题又回到负性情绪时，布鲁克解释道："我把这些问题抛到脑后……我才不去自寻烦恼呢……就像给那些事情上把锁……你说的这些事情，我不会去做的，因为我会尽量把它们藏起来。我不去打开它们。这就是我的理念，所以我才会这么开心呀！"

总之，布鲁克对待情绪的策略似乎就是竭力主动回避负性情绪，努力保持积极的心态。他说："我只做让自己开心的事……只需打开你脑海中装满开心事的那个盒子。开心的事情用完后，就关上盒子保存起来。"谈到他是如何摆脱心理垃圾时，他说："我有许多不同的方法可以让自己置之度外……我还是会去想那些垃圾，而且努力地去想，有时不去管它，两个小时后自然就好了。"

这都说明，布鲁克似乎是通过有意识地控制自己去想一些情形让自己保持积极的心态，不去理会消极的情绪。也许是由于布鲁克的神经状况让他不太容易调节或控制自己的情绪，他才选择有策略地操控他的思想进行代偿吧。

如果说布鲁克在 SIR 访谈过程中显得有心机、有策略的话，尼可却喜欢用具体的例子进行描述。让他描述一下自己时，他会说，"我喜欢游泳""我喜欢旅行"。他很少使用形容词描述自己的感觉。他唯一说过的对家人的感觉是"平静"，而对学校生活的感觉是"紧张"。他认为访谈太冗长乏味了。他对朋友以及家人的描述也非常具体。此外，他似乎很回避谈论私人关系中的情绪方面的事情，并说这项任务"太难了"。比如，问到他对父亲的感情是怎样的，他回答道："我不知道，因为事实上我不喜欢看电影，但他喜欢。我不喜欢经常去电影院。"尼可在回答时甚至没有像一般的小孩都会做的那样简单地回想一下自己对父亲的感情，而是极力回避思考他们之间的关系，并把话题扯到看电影这类具体的事情上。

总之，尼可对于情绪状态的理解非常肤浅，也未作分化。虽然他在描述自己时使用了正性的情绪词和负性的情绪词，但他既不愿意也无法分析自己的情绪。

在埃克曼面部情绪识别测试中，尼可和布鲁克在埃克曼测试中的得分相差无几：在110张照片中，布鲁克正确识别了71张，识别率约为65%，尼可正确识别了75张，识别率约为68%。在分析面部情绪识别反应时，一般把惊奇和高兴归入正性情绪，把恐惧、愤怒、厌恶和悲伤归入负性情绪。

尼可对高兴和惊奇等正性情绪的识别准确率比较高，不过他的错误模式大致有两个倾向。首先，他不太注意面部表情，常常默认人的面部表情是中性的，有时把有表情的脸看成是"中性的"或"若有所思的"（用他的话说）。其次，他经常分不清负性情绪，尤其容易混淆厌恶和愤怒，这种错误在脑损伤患者中很常见（Calder, Keane, Manes, Antoun & Young, 2000），而且对识别悲伤表情有困难。不过，他倒是从未把带有负性情绪的表情看作是高兴，他识别正性情绪唯一的错误是曾经三次把高兴的表情当作是中性的。

布鲁克的数据中最突出的特点是他能准确地辨识高兴。他对18张高兴的照片都正确地标注为"高兴"了。他的错误大多体现在区分负性情绪上，特别是容易把厌恶与其他负性情绪搞混（主要是愤怒）。总体来看，布鲁克在识别有感情的面部表情上和中性的面部表情上都会犯少量的错误，除了完全不能识别厌恶的表情却能完美地识别高兴的表情外，布鲁克在对中性的和带感情的面部表情的分类中没有尼可的错误有系统性。

## 神经心理学的发现对教育的启示——学习中主动转化的神经心理优势

对比尼可和布鲁克的情绪韵律和情绪测试结果可以发现他俩存在有趣的互补现象。这也初步证明情绪和语调的发展存在紧密的关系。他俩的大脑受损后，这两种神经机能在他们的认知和神经上以不同方式的代偿。更为重要的是，他们之间的互补关系为研究正常儿童的教育也具有启发意义。即像尼可和布鲁克这样大面积脑损伤的患者并不是努力让剩下的半个大脑去接管正常人拥有的另外一半大脑的功能，而是改变处理问题的方式，充分利用所剩大脑的优势去适应现有的大脑加工方式。简而言之，这两个男孩的功能代偿的成功之处并不是因为他们改变自己去适应他们的问题，而是利用现有的优势重新解读问题本身，让问题变得"力所能及"。而他们的情绪能力还在此同化过程中发挥着非常重要的组织功能。

## 情绪的组织功能

重新审视这些结果可以发现这样一种趋势：尼可非常善于对情绪韵律信息进行分类，能很好地区分疑问句和陈述句、讽刺语气和真诚的语气，却不善于解释将这些信息放在更大的社会语境下究竟有什么意义，比如说这个故事说明了什么。在埃克曼面部情绪识别测试中，他基本都能答对，但倾向于把有情绪的表情归入中性的表情，而且在区分消极情绪上有困难。他在 SIR 访谈中同样对情绪问题提不起兴趣，并说这些问题"很难"，多次企图把话题扯到电影上去。从这些结果中可以看出尼可很擅长对语调或情绪进行分类，但不擅长把他的判断与更广阔的社会或情绪语境联系起来。

这是怎么回事呢？由于尼可的左脑保存完好，他其实是把情绪和语调的问题重新转化为一个新的、完全不同的、非情绪的问题。在他说话和听别人说话时，他是靠记住特定的声调模式和相关的情绪的关系进行判断的。这样的策略是利用左半脑擅长分类和贴标签的优势，比如，把词语与意义相关联。不过，这也使得他在谈论自己的情绪关系和判断说话者的语调的意义方面的能力受损。

同样，布鲁克也是利用他仅有的右半球的优势，尽管这给他带来了一些意想不到的小毛病。右半球通常擅长加工情绪和音高，而布鲁克得用它来解决一切问题。他忍不住会把情绪或语调信息掺合到根本不需要情绪的任务中，譬如分类、判断等基本辨识任务。比如，让他把音高轮廓与短语"I'm happy to see him（我很高兴见到他）"匹配时，他说："嗯……她听上去好像并不高兴见到她嘛。"在需要整合音高和重音信息以及故事语境的这一最复杂的测试中，布鲁克采用的策略是直接描述两个选项中的语调和音高模式，然后根据他听到的音高模式是否与情绪或社会环境相适宜作出判断。比如，在一个故事中，布鲁克是这么回答的："因为（那一选择）声调先上扬，后下降，然后又上扬。这是生气的节奏嘛,听上去比较刻薄,但另一个(选择)最后的单词是上扬的,听上去感觉比较好。"在 SIR 访谈中,布鲁克就直接利用他独有的情绪优势作为他的认知策略。在埃克曼面部表情测试中,尽管他的准确度一般,但他非常投入,说话时经常就像他真的在演绎照片中的情绪一样。例如,他会用一种夸张到有些滑稽的生气的口吻来标记一张表达愤怒的照片,或用忧郁的语气标记悲伤情绪的照片。总之,布鲁克的策略能让他比同龄人能更准确地辨别出话语的语调,这也使得他在那些与语调和情绪不相干的任务中带入了一些不必要的感情色彩。比如在把话语的音高轮廓与空白音节轮廓匹配的任务中错误率就很高。他过多依赖这种策略,也意味着他得像在 SIR 访谈中所说的那样,必须尽力去控制自己的情绪。

## 语调是进入学习的一扇窗

语调是如何产出的,目前还没有直接的证据。但有不少证据似乎能表明它应该是如下这样一个过程。尼可和布鲁克的案例都明确地推翻了神经心理学以前的预言。虽然有研究发现右半球受损的患者说话的语调会比较平淡、单调(Cohen et al,1994;Heilman et al,2004;Pell,1999),但尼可的语调比我们预期的更丰富,而且他说话的方式听起来与他的同龄人几乎别无二致。按照传统的神经心理学的预测,布鲁克说话的音高变化应当与常人一样,但他的语调起伏非常剧烈,甚至显得特别滑稽。

一个可能的解释是,要充分调控好音高使之与相应的情绪意图相匹配,这需要整合两个大脑半球。由于尼可失去了右半球,他只能依葫芦画瓢地遵循他听到的母语中的语调模式。但仔细听他说话，你会发现他说话总像少了点什么或不够自然。布鲁克失去了左半球，他说话时会伴有过多的抑扬顿挫，又不能加以控制，无法得体地表达他的情绪意图，比如开玩笑或表示强调。虽然这项研究的前景非常迷人，但仅靠这些数据还不足以提出上述假设。因为实验所用的话语样本主要是简单陈述句，没有涵盖更广泛的情绪意图或会话目的的话语样本。不过，布鲁克和尼可的话语音高分布范围幅度较小，不如正常男孩说话的音高变化范围宽。这个事实可以作为支持上述假设的一个初步证据。通常正常男孩在与人开玩笑或引用别人的话时的音高变化范围最大，因为这两种情形都是靠大幅度的音高变化实现的（Holt，1996；Kreuz，1996）。不过，无论是尼可的话语还是布鲁克那些语气夸张的话语，都包含许多简单陈述句，如布鲁克的"去公园"以及尼可的"因为就是听到了"。

另一个还未报道的初步证据也很有启发。那就是关于尼可和布鲁克在说话时，理解和产出愤怒、悲伤、惊奇、高兴和恐惧等情绪能力的研究。尼可虽然能够准确地命名别人说话时的情绪，但他不能根据提示表达情绪或复述情绪。比如，让他以生气的口吻复述一个简单句，他就难以做到。布鲁克可以比较准确地识别和对情绪的语调进行分类。但是，初步研究结果显示，听者发现他的情绪话语尽管感情强烈，却难以明确地归类。如果是这样，尼可也许又把加工情绪的话语当成分门别类的任务来处理了。他听到一段在他记忆中存储的声学特征，就把它与某一情绪标签匹配，比如把高声说话当成是愤怒。与尼可不同，布鲁克对语言中的情绪特别敏感，但不善于调节自己的语调并恰当地表达某种情绪。

总之，在情绪和语调的测试中，无论是尼可还是布鲁克的表现均表明，在发展过程中，语调与情绪的加工是密不可分、互相依存的。这也揭示了大脑损伤后产生的功能代偿背后的一个基本原理。尼可对语调的加工是以按部就班、分门别类的方法，导致他往往难以用语调的起伏变化表达情绪。我猜想，仅有左半球的尼可的大脑工作机制并不是把情绪信息当作情绪来加工，而是对任务进行了修改，以适应其左脑加工信息的优势，即把情绪当作语法或词汇那样的信息加以分类处理。实际上，尼可可能把表达不同情绪的语调进行了分类，而不是当作情绪信息来加工。相反，布鲁克则因过于依赖语调和情绪而不能适度调节和控制自己的情绪，容易给与情绪无关的问题增添不必要的情绪判断。简而言之，尽管这两个男孩都有各自的劣势，但他们似乎都尽量利用各自在神经心理上的优势，代偿了因重大神经创伤丧失的功能。他们加工的策略表明，他们利用自己的优势因地制宜、扬长避短，而不是削足适履去补自己的短板。

## 对教育的启示

现在回到教育问题上。通过对尼可和布鲁克的研究，我们可以管窥控制学习者主动去适应和同化他们的认知和情绪环境的神经心理机制是怎样的。尽管教育工作者都承认不同的学生面对新问题时解决的方法会因人而异，而本研究也表明这两个男孩解决问题时的策略是互补的。也就是说，学习者会从不同的角度出发来解决问题。他们并不是发挥各自的优势去解决相同的问题，而是有可能把问题本身转化为一个新的问题。这提示我们在教学中要关注学生是如何感知他们所面对的问题的,要设计出与之相适应的学习环境。来自不同文化和社会背景的学生可能会以不同的方式解读相同的课堂练习。

举一个有趣的例子。我曾观察到有一个二年级的学生,她正为数学课上的一个问题而愁眉不展。这个问题是这样的:一辆6英尺①宽的汽车是否能停进一间7英尺宽的车库。她的回答是,不能,因为停进去后,无法打开车门。显然,也许我们会说这个学生的答案是错的,然而她的答案未必是错的,只不过她是从司机的角度考虑问题罢了。这个简单例子表明,这位学生考虑的不仅仅是个数学问题,还关注了个人的实际情况。

这个研究还带来一个有意义的启示,即经过大脑半球切除术的男孩的代偿能力的高低并不完全取决于所学技能的难度或复杂程度,而是反映了任务的社会性。这完全超出我们的预期。在对这两个男孩的语调接受的条件进行比较时,无论是把说话时的音高轮廓与空白音节的音高轮廓进行匹配,还是在识别有韵律起伏的故事中的讽刺音高轮廓,我们都可以看到他们的代偿能力也反映了任务的社会性。实际上,我最初设计这些条件时,匹配音高轮廓是为了评估他们在讽刺语气测试中区分基本层次韵律的能力。当我发现布鲁克的测量结果居然比对照组差,而尼可的测量结果比对照组好时,你能想象我有多么惊讶吗?为啥布鲁克的音高轮廓本来挺糟糕的,却如此擅长辨别讽刺的语气呢?这个问题的答案让我深刻意识到,情绪和社会语境在学习中发挥着重要作用。倘若把学习的技能与相应的社会语境分开就会改变这些问题的实质,使得布鲁克面对这些问题时束手无策。当然,尼可会发现,

---

① 1英尺 = 0.3048米

将社会语境与技能剥离开反而会使任务变得更简单,因为他再也不必为社会因素费心劳神了。教育工作者们通常以为把社会语境与低层次的技能剥离开,学生会更容易掌握这些技能。但这个例子清楚地表明,把技能与社会语境分离时可能导致难以预料的后果。要理解技能是如何发挥作用的,我们需要认真从学生的角度思考他们为什么以及在那种环境下如何使用该技能,并且要关心他们那样处理问题背后的初衷。即便是简单的技能,从神经心理学的角度看也并非易事。在某些情况下,学生还可以剥离语境使用复杂的、语境化的技能,甚至在社会和文化语境改变的情况下使用这些技能。

## 把学习当作是一种主动的、有情绪参与的过程

总之,大脑的发展应被看作是一个主动的过程,其中学习者不是简单地同化相同的经历,而是基于以前的学习经验和天生的神经心理优势,对当下的学习经验进行解读的过程。这个过程不仅十分微妙复杂,还需要考虑社会和情感的因素,以及儿童受所处环境的影响和支持等因素。我们应当意识到尼可和布鲁克之所以都能成功代偿他们曾丧失的功能,很大程度上要归功于他们的家庭和老师的大力支持,以及为他们提供的个性化的教育环境。此外,他们的案例也表明,这些适应性的解读并不局限于所谓的冷认知。情绪和非情绪策略有时可以互相转换,正如布鲁克把所有的音高都当作是情绪的而尼可在分析带有情绪话语的音高时会回避情绪一样。

因此,尽管主动的、个性化学习的理念早已不是什么新鲜事

情，但对尼可和布鲁克的研究为我们提供了一种方法，在大脑发展的研究中去丰富和利用这一原理，并检验和讨论其有效性。我希望教育工作者能充分利用这些结论，把它们与其他的案例结合起来指导教学实践，比如用于课程设置或学习环境的设计。然而，要实现这一目标不是一蹴而就的，而是一个不断艰难摸索的过程。这首先需要把各种讨论和范例整合到一个融合了神经心理学、发展心理学以及教育学原理的概念框架之中。尽管表面上看，他俩的案例与基于成人的神经心理学研究结果有些矛盾，这恰恰体现了大脑代偿的逻辑，即学习者在学习过程中是主动的，而非被动的过程，情绪组织着大脑的发展。这为教育界和神经科学界之间展开讨论提供了一个逻辑的起点。

## 致谢

衷心感谢那些帮助我们完成这项研究工作的人们，特别是尼可、布鲁克和他们的家人，以及科特·费希尔、凯瑟琳·斯诺、凯瑟琳·阿尤步、安东尼奥·巴图、简·霍尔姆斯-伯恩斯坦、迈克尔·康奈尔、大卫·丹尼尔，还有许多研究助理们，尤其是露西亚·马尔多纳多。本研究得到了斯宾塞基金、美国大学妇女联合会基金、哈佛大学心智、大脑和行为首创组织以及一笔匿名经费的资助。

# 第八章

## 烟雾缭绕中的镜像神经元——社会文化和情绪组织学习过程中的感知和行为

玛丽·海伦·爱莫迪诺-杨

**本章概述**：本文是对第七章中关于尼可和布鲁克研究的扩展，试图将构建主义的学习理论（由皮亚杰和维果茨基提出的）和最新的镜像神经元的神经科学证据相结合。通过把这两种截然不同的方法整合在一起理解社会学习，提出了以下两个基本观点：（1）技能从本质上看是有目的的、与特定环境相适应的、灵活机变的一系列行为的综合体现（比如所想/所思的）和感知（比如"我只注意到了结果，以及结果带给我的感受和思考"）。（2）一个灵活、有针对性、有效的教学需要巧妙地把高效、适宜、灵活的技巧融入教学之中，潜移默化、润物细无声地影响学生。神经科学的证据显示，如果学生不能意识到教师行为的目的，他们会认

## 第八章
烟雾缭绕中的镜像神经元——社会文化和情绪组织学习过程中的感知和行为

为老师的行为只是随意的、无意义的，也不值得记住，也就不会去模仿或内化他们的思想和行为。

从实用主义者到新皮亚杰主义者都认为个人的发展是认知与行动的循环，即通过与世界相互内化产生的行为技巧和建构世界的技巧。在第七章中曾提到，虽然尼可和布鲁克分别失去右侧的脑半球和左侧的脑半球，然而让人想不到的是，他们最基本的神经生理功能却获得了极大的代偿。这说明了一个发展所遵循的一般性原则，即学习者的主观能动性和情绪，以及与社会的互动在个人发展中发挥着积极的作用（正如第七章中描述的，尼可和布鲁克都经历了大脑半球切除术，移除了一侧的大脑皮质半球。这种手术是为了控制重度癫痫的发作）。在本章，我要阐明尼可和布鲁克的表现恰好说明在学习过程中，感知和行为都存在个体差异。通过这个例子，我们尝试提出一个方案，即把认知发展理论与最新的关于大脑镜像神经系统的神经生物学证据相结合，以期望能获得与教学相关的启发，认识情境化技能发展的本质。

在下面的几节中，我扩展了前面论文中的一些观点，指出尼可和布鲁克不同的语调（语气语调的感情色彩和抑扬顿挫）模式说明他们的认知和行为发展是互补的。我认为这是用全新的视角发挥神经心理学的优势来阐释认知与行为的关系。总之，来自认知和情绪神经科学（Immordino-Yand & Damasio，2007[参见第一章]）的证据，以及来自认知发展理论和研究的证据都更倾向用基于生物学的、可检验的模型来解释学习过程中认知与行为的关系。

## 技能发展的差异性解释——从感知、行为及二者的结合来认识尼可和布鲁克的行为

长期以来，教育理论都用行为和感知的动态反馈回路来分析人的发展。该传统发端于 20 世纪早期的实用主义者，如约翰·杜威和查尔斯·S. 皮尔士（参见 Hartshorne & Weiss, 1965; Hickman&Alesaoder, 1998），之后延续到认知科学和发展心理学中的现代教育学思想（如, Bruner, 1973; Case, 1998; Fischer&Immordino-Yang, 2002）。皮亚杰用"同化"和"适应"这两个概念对这种现象进行了较好的描写。"同化"指学习者基于他们现有的认知去做事；"适应"指人与世界的交互作用会最终整合到学习者的认知之中，让他们了解世界是怎样运作的（Piaget, 1937/1954）。这些方法都以建构论为基础认为，学习并不是被动地接受教师灌输的信息。相反，学习是主动的、迭代的过程。学生在一定程度上是通过与他人的社会互动而影响和感知环境的。

许多关于发展的现代教育观都以这个理念为基础。比如，费希尔等人认为，认知发展最基本的要素来自人与生俱来的反射能力（Fischer & Bidell, 2006）。正如化学元素是保持物质属性这一最基本单位，按照费希尔的新皮亚杰理论，反射是连贯性行为和思想的最小单位。而且，这些也是连接知觉和行为之间的一个环节。触发某一反射时，婴儿首先会感受到某种刺激，并自发产生某种行为。随着个体的发展和经验的积累，感觉与行为之间通过往复循环与世界形成动态的反馈环路，逐渐形成更加复杂的行为和思维的基质。行为和知觉，以及最终产生的对这些行为和知

## 第八章
### 烟雾缭绕中的镜像神经元——社会文化和情绪组织学习过程中的感知和行为

觉的认知互相配合,就产生了能在社会和物质世界中进行有效思考、感觉和行为的技能。

回过头看,尼可和布鲁克的大脑功能的恢复说明,知觉(体现在大脑对感觉的加工)和行为(体现在大脑对动作的计划和表征)都与他们各自的神经心理学的优势和劣势相关。也就是说,这两个男孩通过重塑自己的技能,把他们的语调感与语调的相关行为联系起来,弥补了自身神经上的缺陷。由于这两个男孩都丧失了用于感知和肌肉运动的神经硬件,他俩的案例说明,感知和行为在神经心理学层面其实存在较大的个体差异。之所以会产生这些差异,是因为他们为了适应特定的社会和情绪的目标而逐渐发展出来的技能。由此看来,每个男孩的语调行为都是为了能理解社会化的会话含义,为感知到别人的语调而产生的映射。然而,倘若在特定环境中,社会和情绪的特征恰好适宜建构有意义的、有针对性的技能、感知和行为,那么这三者的有机统一就会产生符合社会规范的行为。在布鲁克和尼可关于他们对讽刺语气和真诚语气的讨论中有详细论述。比如,布鲁克谈论了他在不同的社会情境中的感受,以及用不同的语气语调传达他的思想和意图。通过适当的语调(即运动计划),他与话语声音建立了联系(通过感知来体现),并与相关的社会目标联系起来(比如,如何得体地与一个人的祖母进行交谈)。同样,尼可也能有效调控他对语气语调和抑扬顿挫的感知和运动表征,与人进行正常会话,能理解社会情境、遵守社会规约。他的知觉和行为共同产生了一系列的语气语调的范畴化特征,因此他可以对所听到的和说出的话语的音高进行分类和辨析。

有趣的是,认知神经科学的证据显示,整合大脑中的知觉和肌肉运动表征是一个迭代和递归的过程，它不仅对最终形成的学习和记忆极其重要，也是社会互动和学习的基本机制。在下一节，像许多文献中关于技能发展描写的那样，我将简要概述这一思路，并尝试将它与技能发展联系起来。

## 神经系统的融合——支持技能发展的神经网络

前面说过，几十年来人们一直认为，人的发展主要依靠知觉与行为的动态循环发挥的组织作用。在此，我将结合认知神经科学中最新的发展动态，阐述人在社会环境下的技能发展的生物学基础的认知框架。

确切地说，近十年来人们发现大脑中可能存在一种新的系统，人们（Arbib，2012；di Pellegrino，Fadiga，Fogassi，Gallese，&Rizzolatti，1992；Callese，Fadiga，Fogassi，&Rizzolatti，1996；Rizzolatti，Fogassi，&Gallese，2001；Umilth et al.，2001）称它为"镜像系统"。安东尼奥·达马西奥在1989年关于"汇聚区"的论述为该为系统奠定了神经科学基础（Damasio，1989；Damasio&Damasio，1993）[①]。达马西奥认为，如果大脑中的感觉与运动系统的接口没有一种神经机制，就不可能产生有意义的

---

[①] 在早期的著作中，达马西奥对这一概念做过详尽的描述，比如可参见在唐纳德·赫布的《行为组织》（1949）一书。尽管达马西奥提出的汇聚区采用了"赫布式学习"（Hebbian Learning）的思想，但汇聚与赫布式学习是完全不同的两个概念。这些网络的连接系统可以把控制简单的信息的神经元信号汇集到一起，形成表征更为复杂的心理的神经基质。当这些信号捆绑在一起后，汇聚区的激活也会产生反馈，反向激活上行的那些简单的感知和运动单元，由此重构之前分离的感觉和运动激活模式。正如我所描述的那样，技能的发展就是通过这种递归性环路实现的。

学习和形成对情境化经验的连贯性记忆。他把该系统称为"汇聚区"[①]，并指出联合皮层很有可能是负责这个加工过程的神经基质。他与同事们（参见综述 Damasio，1989）根据不同部位脑损伤导致的神经功能障碍，推测出哪些脑区负责某些功能，并描述了选择性的大脑功能缺陷，比如语言、社会适应能力以及视觉加工的缺陷等。通过深入分析他们发现，这些功能涉及学习和行为的神经系统，其中感知（既可以是对真实环境的感知，也可以是对回忆的感知）和行为（既可以是环境中的行为，也可以是心理中产生的行为）逐渐形成更为复杂的非通道性表征，实际上这就是一个人对经验的记忆。这些记忆都是感知与行为在更加复杂的层次上汇聚的产物，它们体现为递归的环路网络，既向前投射到汇聚区，又向后投射到感知和运动区。必要时这些网络能以迭代的方式被重新激活和修改，形成连贯的和有目的的思想、计划和行为。注意，对于环境中的每一种行为或感觉，人们并不需要亲身经历，还可以通过回忆或想象去设想这些经验。而以记忆或想象的方式产生的内部激活必定会反映在学习者的生物倾向和对他们过去经验的主观体验之中。

那时虽然还没有像这样描述，但对感知和运动经验的迭代重构本身就是发展和唤起与语境相关的技能的过程。学习者通过思维活动或亲身经验与社会的和物理的环境互动，形成行为、思想

---

[①] 注意：达马西奥构想的层级性神经结构中，是先从通道化的皮质传入的信息，再从"本区的"汇聚区接收投射回来的信息。它们再与位于更高级的联合皮质去的"非本区"的汇聚区连接。我所描述的这个镜像系统对应于"非本区"的汇聚区，它是一个非通道的，完成最低层次的加工。其中，感觉表征和运动表征融合在一起。尽管在这一水平的汇聚不一定都包含感觉和运动两个部分，我认为以目标导向的加工与我关于技能发展的论点是相关的，它包含感觉和运动两个部分。

和感知的反馈环路。人们进入感觉和行为的动态循环中时,无论是真实的感觉和行为还是回忆或想象等思维活动都能够产生三个基本维度的技能:一是感知,二是运动,三是感知与运动的整合后形成的有目的的行为。由于人们的行为和感知都发生在社会的和自然的环境中,他们所有的目标必定会反映社会、文化以及环境的约束条件。

无论是儿童还是成人都在不断建构他们的技能,其中部分是从别人那里学习来的,这是技能发展的一个重要特点。近十年来神经科学的发展发现了互动学习背后一些重要而有趣的生物学机制。比如,激活汇聚了感知和运动表征的联合区时,该区域在观察别人做同样的动作时也会被激活,只是程度略轻。这说明我们会不由自主地感知到别人在特定环境下有目的的行为。由此提出了这样一个假设:我们内化和学习他人的思想和行为的最基本的生物学机制正是来自这种"镜像"的性质(关于这个话题的讨论参考 Oberman&Rarnachandran,2007)[1]。

镜像系统是近年来研究的热点,本研究试图基于镜像神经系统揭示人们在社会情境中学习的某些机制(Wood,Glynn,Phillips,&Hauer,2007;Oberman,Pineda,&Ramachandran,2007)。不过不要以为镜像神经系统可以解释社会互动中所有的神经机制。镜像只是把他人的感觉和有目的的行为翻译成神经运动计划的一种机制,并设想它是如何在自己的身体内完成的。镜像系统由此能够在最基本的水平上把他人行为的目的,包含情绪

---

[1] 注意,具有镜像功能的汇聚区位于大脑的前部(额叶)和后部(主要在下顶叶)。我所描述的镜像系统对有目的的行为特别敏感,一般位于额叶系统。顶叶主要负责感知,额叶系统主要负责运动,而感知与运动汇聚后形成有目的运动计划和表征。

性的行为内化成自己的一部分。正如弗里斯等（Frith & Frith，2006）所描述的那样，这个过程是模仿、社会化的学习及产生同理心（本质上就是对他人情绪的感同身受）的关键。由此，通过直接经验或感同身受的经验，感知和行为在汇聚区的整合就形成了学习的基本神经机制。由于汇聚区与感知和运动网络是双向连接的，我认为目标导向的技能的发展源自这三种网络之间循环往复的激活。

大脑的运动计划的关键区是感知-运动的汇聚区，这建立在行为是有目的的这一假设基础上。运动计划不是随便产生的，而是反映了认知和情绪的目的、知识结构以及产生该目的的情境。因此，或许只有了解了他人行为的目的才会启用镜像系统。比如，有一个关于非人类的灵长类动物的简单例子。科勒（Kohler等，2002）发现，玩过撕纸的猴子只要听到撕纸声，它们大脑的镜像区就会激活。这可能是因为猴子知道产生这个声音的意义及其背后的意图，并把这个意图翻译成与之相关的运动计划。相反，从来没有玩过撕纸的猴子，听到撕纸声，它们大脑镜像区的神经元并不会激活。这可能是因为撕纸的动作和声音没有产生汇聚。这些猴子不了解撕纸的动作与撕纸声音之间的关系，因而对它们来说撕纸声就如同白噪音。

还有一个例子。伍米塔特（Umiltaet，2001）等人发现，猴子看到实验人员有目的的行为时，它们的镜像神经元会被激活。无论执行有目的的行为是否被看见，只要猴子能够推测出该动作的目的，镜像系统就会作出相应的反应，并且整合感知与运动的表征。相反，如果这些动作只是无明确目的的手势，猴子的镜像神经元的活动没有增加。有趣的是，猴子和人的表现不尽相同。

人看到哑剧表演，比如打开一个瓶盖时，镜像系统会被激活，因为人能够理解哑剧背后的含义（Grdzes, Coster, &Deoety, 1998）。虽然有关人的研究尚无定论，越来越多的证据表明如果人不能识别他人行为的目的，他的镜像系统不会被激活，整合也不会发生。

总之，我想提出这样一个整合的模型：首先，感知和行为的认知构造分别在感觉和运动加工中进行神经运算；其次，感觉和运动在达马西奥（Damasio 1989）所谓的"汇聚区"的感觉运动联合区整合。动作与感知的联结（动作和感知不一定是真实发生的，还包括心理活动中想象的动作和模拟的感知）以及对社会的和物理的环境中的记忆通过动态的、迭代的整合过程形成有目的的行为和思想，由此发展出特定的技能。这个过程其实就是在特定环境中行为与感知发生汇聚产生了有目的、灵活的行动计划。这些技能既可以来自直接体验，也可能来自间接经验。得益于汇聚区的"镜像"性，我们能学习他人有目的的行为，只要该行为在我们的发展和文化知识框架内是有意义的。

## 烟雾缭绕中的镜像——社会文化环境中的行为和感知以及对教学的启示

在我原来的论文中概述了理解他人行为的大脑神经机制的发现过程。里佐拉蒂和他的同事（di Pellegrino et al., 1992；GalleseCl al., 1996；Rizzolatti et al., 2001；Umiltdet al., 2001）将这一发现称为"镜像神经系统"。尽管这个词抓住了神经联合区某些功能的特点，但我认为这个名称会误导教育者和神经科学家。因为它会让我们误以为我们很大程度上可以直接地、被动地把别人的目的和行为转化到自己的头脑中。就像镜子能一模一样地反射它面前的物体,而脑中的镜像系统也能原封不动地反映别人的行为和目的。所以镜像应该是将别人的行为、情绪和意图直接内化,让旁观者能自动地感受到。然而,虽然大脑一方面可以对他人的境况进行自动加工,另一方面对他人境况的表征是基于具体个人的认知和情绪偏好、记忆、文化知识和神经心理倾向等这些"烟雾缭绕"着的镜像建构和体验的结果。

回到我最初的观点,从神经生物学关于感知和行为整合的证据分析尼可和布鲁克社会文化功能的恢复,有助于我们进一步了解技能是如何发展的,以及用神经心理学解释发展的优势和劣势。这样解释就离实现我在文章(immordino-Yang,2007,见第七章)中设定的目标更近了一步。比如解释发展过程中大脑与经验的关系,情绪在这个过程中的组织作用,以及如何在学习环境中尊重和发挥每一个学生的独特性。

特别是用这种方法分析这两个男孩的发展有助于理解大脑中感觉与行为是通过社会和情绪的组织加工整合的,即凡·格特和斯蒂恩比克所谓的"交互的创造性思想"(Van Geert & Steenbeek 2008)。若让创造性思想能相互作用,需要理解人与人之间的目的、意图的动态传递。此外,交互的双方要在心中领会彼此的目的或意图,就必须了解对方所处的社会文化背景。我称这种知识为"烟雾缭绕中的镜子",其作用是通过整合感觉和行为,发展出有目的的技能。与凡·格特和斯蒂恩比克的模型不谋而合,我认为好的教学和学习都需要高效的、恰当的和灵活的技能学习模型和内在的目标,才能在课堂环境下最大程度发展学生的技能。当然,有效的教育还取决于教学的目标。比如，有些学生的学习目标中不要求学数学，就没必要培养数学能力。

此外，这种研究方法也让我们领悟到学生在学习中的神经心理资源的多样性，即学生在课堂中的学习是通过神经的整合而切身体验到一堂课的，他们感知的是课堂上教师的行动计划和目标。因此，可以看到，尼可和布鲁克的不同神经心理资源也导致他们在感知和行为（行动计划）中的不同的优势和劣势。然而，由于这些目标都是在具体的社会文化环境中构想出来的，这些环境会影响学生过去的经验和偏好，他俩的神经心理资源的第三个不同之处则体现在他们建构和解读目标本身上。例如，尼可和布鲁克虽然有完全不同的大脑神经加工模式，但他们都可以透过情绪变化这个窗口进行正常的社会交往。由于负责他们感知和说话的行动计划的神经基质各有其优势和劣势，导致他们做事的目标或出发点也不会相同。

这些研究对课堂教学有什么启示呢？阿布林（Ablin，2008）认为，学生能力的发展中，无论是课程的设置还是师生的互动，都需要注重每个学生的特点。他提出，不是鼓励学生直接内化教师的目标，而是提供机会让学生主动地建构问题，间接地参与教学目标的制定。他说，把这种教学方法融入课堂有助于让每个学生充分发挥他们的能力和优势，发展他们的技能。

因此，每个学生在技能的发展上都具有神经特质上的优势和劣势，我们不必强求他们都遵循斯诺（Snow，2008）所谓的"掌握学习的步骤"，才能取得更好的教学效果。当然，神经特质上的优势和劣势并不是预测学习效果的唯一的决定性因素，因为学生的学习表现还受到社会文化知识背景的影响。在特定环境下的学习是将相关信息与技能发展的目标相互整合的过程。按照格特和斯特恩比克的观点，学习的成效是感知和运动表征动态互动的结果，它来自直接经验和共情体验或模拟，又通过个人的目的和成长史组织起来。比如，尼可和布鲁克之所以能较好地掌握语调技能，部分是源于他们的主观愿望，部分是因为他们的社会环境鼓励他们这样学习。

斯诺（Snow，2008）认为，这对于教育和教学评估具有重要的指导意义。因为无论是学数学中的长除法，还是朗读中对音系的加工，教育家和政策制定者都过于强调让学生以标准化的方法学习，而不是鼓励他们以适合自己的方法学习，这也就是神经心理学家克里斯托弗（Christoff，2008）提出的"解决问题导向的"学习。尼可和布鲁克的案例表明，几乎每个学生都通过感知与运动表征的互动改变自己的行为，发展自己的技能。然而，正如斯诺指出的那样，不同学生对技能的深层次表征可能千差万别。因此，虽然有必要设计出测试学生能力的教学和评估工具，但是也不要因为学生选择了不同的方式构建知识而责罚他们。此外，依据斯诺和克里斯托弗的观点，我建议在课程设计和学习体验中考虑构建目标导向的技能的不同方面，比如具体了解不同学生的感知方式、行为方式和认知方式。事实上，一些成功的教育手段以及评估方法已吸收了这些理念，让学生能"各尽其能""殊途同归"。比如，"全方位学习设计"（Universal Design for Learning）（Rose & Meyer，2006）和辛格（2007）提出的数学教学模型就是很好的例子。然而我建议，在学生的技能发展中，要继续完善多途径学习模式的理念：对要构建的技能的诸多方面，如感知、运动和社会情绪等进行详细的分析，并依据学习者自身目标进行评价。

总之，本章中我的总结了我的同事关于神经生物学的一些证据，并对第七章中的建议进行了阐释，提出了基于生物学的技能发展的研究方法。通过社会和情绪的组织及不同思想的动态互动，感知和行为在大脑中汇聚。这个汇聚过程既有社会的和情感因素的参与，也有文化知识的调节，最终形成以目标为导向的技能的发展。而这些技能既受到社会环境影响，也会展现学习者感知和运动的优势和劣势。这也提示我们要关注学习者的差异性，并针对不同的学生实施有效的教学和评价。

## 致谢

本章最初发表的论文是为了回应我的同事对我所做的关于尼可和布鲁克的实证研究的评论（参见第七章）。在此，谨向贾森·阿布林、卡丽拉·克里斯托弗、凯瑟琳·斯诺、亨得利·斯特恩比克和保罗·凡·格特表达我诚挚的谢意。本研究得到了斯宾塞基金会、美国大学妇女教学基金会、哈佛大学精神大脑和行为启动项目的资助、以及一个匿名项目的资助。

# 第九章

## 对美德产生的钦佩之情——对动机情绪的神经科学研究

玛丽·海伦·艾默迪诺-杨  莱斯利·希文

**本章概要**：看到他人面对艰难困苦仍坚忍不拔、百折不挠，最终克服困难取得了令人赞叹的成就时，人们往往会深受鼓舞、心生钦佩，并决心也要干出一番事业。尽管榜样的力量是巨大的，但教育界尚未对这种情绪作过深入的研究。本文将围绕着爱莫迪诺-杨、迈克尔、达马西奥夫妇（2009）几位研究者的发现展开。在该研究中我们发现，像对美德产生钦佩之情这样的社会情绪会激活脑干区域中的皮质下神经。这个区域的神经也负责调节与生存相关的神经机制，包括意识、心脏功能和呼吸。这一研究发现对教育启示在于，有意义的、与社会相关的思想会感动我们——"鼓舞"这种情绪往往是通过改变生理状态提高我们的思想觉悟，激励我们努力奋斗。

像钦佩美德（或"见贤思齐"）这种社会情绪，在人际交往和道德行为中非常重要，并且能提高人们的自我意识。人只有获得了自我意识才会产生内在的动力[即不管面临怎样的困难和阻力，依然坚持做一个有操守、有事业心的人（Haidt&Seder，2009）]。我们近期对钦佩情绪进行的神经和心理生理学研究表明，感受钦佩这种复杂的、受文化建构的、励志性情绪不仅涉及高级的"认知"系统，也离不开感觉身体的神经系统，尤其是肠道和内脏的神经系统的参与（Immordino-Yang，McColl，Damasio，&Damasio，2009）。它往往伴随着心率加速和不受意识控制的调节意识和基本生存（包括血压和激素等）的相关脑部的血流量的增加。这些发现为重新思考教育中有关学习动机的研究提供了一个引人入胜的起点。不同于主流的教育理念，那些与生存有关的、无意识的低级生理过程，包括意识和通过情绪调节的生理过程才是产生学习动机的重要的因素。然而，目前教育学界关于学习动机的研究大多仅把认知概念这类高层次的加工过程看作是学习动机的源泉。例如，对学习动机的研究主要来自被试的自我感知的报告。最后，由于意识加工离不开由无意识控制的生理过程，自我认知的知识为教育研究者认识学习动机的本质提供了一个重要的研究视角。这一新的研究视角与近期的神经科学发现一致认为，学习动机既是认知的也是情绪的，它既包含有意识的维度，也包含无意识的维度。

# 第九章 对美德产生的钦佩之情——对动机情绪的神经科学研究

## 情绪、社会情感和自我的神经基础

情绪，比如愤怒、恐惧、幸福和悲伤这些基本情绪既是认知过程也是生理过程，它们涉及身体与心灵的交互作用（Barrett，2009；Damasio，1994/2005）。它们利用大脑中调节身体（例如调节血压、心率、呼吸和消化）的系统，包括维持意识（例如脑干）和身体感觉（例如身体的痛感或快感、心跳加速或胃痛）的系统进行控制。这些基本情绪也会影响大脑的认知系统，并以特定的方式改变思维——比如，恐惧时采取逃跑的策略、愤怒时想伺机报复、幸福时更能悦纳他人，以及因亲人离去或损失珍贵财物而悲伤。不论在何种情况下，情绪既会出现在思想中也会通过面部和身体特征的变化显现出来[值得注意的是，这些身体和面部表情的变化既可以是真实发生的，产生身体状态或面部表情的调整；也可以是对这些状态的模拟，即一个人在行为上并没有表露该情绪，而是基于一种"貌似"（"as-if"）的心理加工过程也会涉及调节身体的大脑系统（Damasio，1999）]。这些生理变化反过来又通过感官感受和调节身体的神经系统让我们感受到情绪，而所感受到的情绪又与当下的思想相互作用，帮人们调节他们的行为，并从自己的行为中吸取教训。即情绪神经科学证明，思想受到复杂多变的却又是连贯的"情绪结构"的调控。因此，思想受到身体和大脑的共同影响。即无论是在意识层面，还是无意识层面，身体和脑很可能在激发人的思想和学习中发挥着至关重要的作用（Immordino-Yang&Damasio，2007）。

然而，尽管有大量证据显示身体和脑在基本情绪中是相互依存、相互作用的，对复杂社会情绪的感受在多大程度上存在这种相互依赖、相互作用的关系尚不清楚。我们设计了研究情绪诱发状态下的感觉实验，旨在研究当一个人不仅被别人观察到该情绪状态同时他本人也切身感受到该情绪状态时，是否也会利用调节和感受身体的低层次的大脑系统。例如，对美德产生钦佩之情这种具有高度动机性的社会情感涉及的神经因素可能极为复杂。因为它们会涉及支持认知的高级系统，例如包括情景记忆的提取、共情和自我意识等（Zaki，Ochsner，Hanellin，Wager，&Mackey，2007；Gray，1999）。然而，仅靠唤起记忆、计划和意义中复杂的、有意识的知识就能产生强烈的动机吗？或者说，对与呼吸和心率调节相关的基本生存的感觉和调节机制是否会参与追求有意义的行为这种愿望的后期加工？如果这些低级加工过程在情绪体验的后期特别活跃，就表明像钦佩这种情绪的驱动力不仅仅来自意识，还来自无意识的加工。这就可以证明我们在生存和发展中做有意义的事情的强烈愿望和动力其实来自那些保证身体基本生存的系统之间的互相协作。

## 对美德产生的钦佩之情——基于神经科学与心理学融合的研究路径

我们将通过实验验证如下假设：对美德产生钦佩之情这样复杂的社会情绪不仅需要与认知相关的神经系统的参与，还需要调节意识和身体感受的大脑系统的参加。即我们假设，虽然对美德产生钦佩的情绪属于与文化知识有关的情绪，但是当大脑中唤起这种复杂情绪时，也会激活维持基本生存和触发身体行为的脑干等大脑相关部位，其中包括调节心率、血压和激素的系统，以及感受肠胃和内脏的系统。需要强调的是，虽然唤起复杂的情绪和知识似乎是有意识的，但它们其实仅处于次要地位（即更加持久和较晚发生的），与身体有关的低级神经系统的调节却未被意识或觉察到。

为了验证这个假设，我们分别用 fMRI（功能核磁共振成像）实验、心理生理记录和心理实验对十三名参与者分三个阶段进行研究。这十三名参与者包括六名女性和七名男性。先对他们每个人进行了一对一的两小时的采访，并全程录像。实验员向参与者讲述了一些人的非常高尚的、令人钦佩的真实事迹（参加者的平均年龄为 30.3 岁，年龄跨度在 19～57 岁；方法细节详见爱莫迪诺 - 杨等人的补充资料，2009）。比如，有这样一个真实的故事，一位双目失明的德国年轻女子，尽管遭受了种种厄运，却仅靠耳朵学会了流利的藏语。她还发明了一套西藏盲文翻译软件，在西藏山区创办了一所盲人学校，把自己的生命奉献给了这里的孩子们。由于采用的是功能核磁共振成像的方法，给参与者讲述的故事需要有所"控制"，它既要有趣，又要是众所周知的真实事迹。比如，一个故事讲述的是一名高中生在她的学校组织了一台戏剧演出，还将收入所得捐献给学校的图书馆。我们事先不会告诉参与者所要研究的具体情绪类型，只是要求他们尽量如实讲述和反省他们听到这些故事后的感受和想法。

参与者听了这些故事后，我们用 fMRI 扫描他们的大脑。同时让他们观看 5 秒钟相关的故事内容的关键词提词器，然后显示 13 秒的灰屏。我们要求参与者尽量对每个故事调动自己的情绪，然后操作按键，以对实时情绪反应的强度进行评估。我们还收集了心率和呼吸频率等心理生理数据作为参与者在扫描过程中产生的身体变化的证据,以便识别产生情绪反应的时间。参与者经过近一个小时的扫描后,我们再对他们单独访谈一次,询问他们在扫描时体验到的情绪和想法。

数据分析分为以下几个步骤。首先,对扫描前后的访谈录像分别安排两个评估员进行评分,目的是分清并排除参与者在做前面一个功能核磁共振扫描实验时讲述的故事的影响。比如对参与者这一次的扫描数据不受上一个因去西藏支教的美德唤起的钦佩之情的影响,或者对高中生用自己表演戏剧的所得款项捐赠给图书馆的崇敬之情的影响(对于所有数据的评判间信度达到了96%的吻合度,Cohen 的 kappa 统计量 = 0.8)。其次,我们检查参与者的按键数据。在钦佩之情被诱发的 fMRI 实验结果中,这十三名参与者报告的强烈情绪唤起与没有强烈反应的控制实验(这一步是非常必要的,因为负责基本的社会加工和身体调节的脑区激活要低于情绪状态的大脑激活,由此就能辨认哪些脑区参与了情绪状态。)。最后,我们检查了心理生理学数据,以确定参与者在扫描仪中对所听到故事的情绪反应时程。时程确定后,就可以用对应于该时段的 fMRI 数据建立一个一般的线性模型,以便比照大脑在感受钦佩之情的反应模式与没有情绪反应的控制组对故事的反应模式。按照 fMRI 的研究标准,我们通过比较产生钦佩之情时所诱发的脑区和脑干的血流量的增加,与听一段有趣却不会诱发强烈情绪的故事的大脑血流量情况进行比较,以验证我们的假设。我们还测量了负责感受肠胃和内脏变化的脑区(在前脑岛皮层)的激活时程,以及感受"有效连接"的方向,或所谓负责内稳态的关键脑区,包括脑干和前脑岛之间的因果关系。该部分的分析可以让我们探讨这两个脑区激活的时程之间的关系,从

## 第九章
### 对美德产生的钦佩之情——对动机情绪的神经科学研究

而研究激活一个脑区是否会"驱动"或"影响"另一个脑区的激活（前脑岛是一个躯体感觉区，它主要控制身体内部的感觉，如感到胃痛或是心跳加速。该脑区也与感受情绪的变化有关。比如，我们听到一个坏消息时会感觉好像"肚子上挨了一拳"；听到不公平的事情后，我们会产生厌恶感。脑干中部有结构密集紧致的细胞核，它们负责调节人体的存活和维持意识。该区域的损坏可能导致昏迷和/或持续性植物状态）。

经过对这些神经数据的分析，我们的假设得到了证实。钦佩之情不仅显著激活了与记忆提取和其他意识过程有关的脑区，还激活了由无意识控制的调节身体和意识的脑区，以及脑干区域（它仅仅负责与存活相关的神经核，远远低于与有意识思维相关的高级的大脑皮层）。此外，前脑岛皮质的激活（即负责感觉身体的变化和将这种感觉与所学过的行为有选择性地联系起来的脑区）会比情绪加工平均晚4～6秒钟，并会随后持续较长时间。相反，当这个脑区加工那些比较简单和不太重要的情绪时，比如对一个腿摔伤的人而产生同情心时，该脑区几乎会被立刻激活，但只会持续几秒钟就很快消退（注意，本研究的重点是：这些与身体相关的神经加工的变化都是真实的而不是模拟的身体变化）。最后，对于较为简单但不是那么强烈的情绪，如对他人遭受痛苦而心生同情或对别人技艺高超心生羡慕时，我们发现脑干关键区域的激活（也就是"驱动"）完全早于前脑岛区域（负责与情绪相关的感受状态）的激活。然而，当强烈地感到钦佩时，脑干里的这些神经核则受到前脑岛的驱动（也就是说，产生钦佩之情与其他的社会情绪在统计学上脑干神经核和前脑岛之间"因果关系"的平均方向正好相反）。总之，这些研究表明产生钦佩之情时，对身体和情绪变化的感受和表征要晚于对该情绪的认知加工。这一认知加工会产生内脏的自我觉知，为身体和心理采取有意义的、主动的行动做好准备。

## 对美德产生的钦佩之情——一种励志的社会情绪

对美德产生钦佩的情绪实质上是一种励志的情绪，它能激励人从事有意义的事情并造福社会（Haidt，2003）。相较于恐惧和厌恶这类基本情绪（主要是消极情绪），研究者比较容易忽视对积极的、社会性的、催人奋进的这类励志的情绪的研究。不过，现在已有学者开始从心理学和神经科学的角度对钦佩和感恩这类积极的情绪进行研究（Algoe，Haidt，& Gable，2008；Bartlett & DeSteno，2006；Zahn et al.，2009）。

我们的实验研究发现，那些实验中能对他人的美德心生钦佩之情的参与者，在讨论时也表示他们心中有强烈的愿望想做一个好人，从事高尚的事业。有趣的是，这种励志的情绪除了需要负责情景记忆、社会性视角和其他各种高层次的认知加工的神经区域的参与外，还需要保障基本生存和身体感觉，尤其是内脏（即肠胃）的神经系统，以及维持意识和自我意识的大脑皮层和脑干区域的参与。此外，通过分析这些脑区激活的时程，我们发现对美德产生钦佩之情的激励状态在高层次大脑皮层区域的加工也会影响部分调节基本生存和维持生命的神经组织。

神经心理学的研究显示，这种励志的情绪虽然属于复杂情绪，但并不是仅在有意识的、理性的层面加工。相反，这种激励的情绪深深扎根于那些维持我们的存活和运动以及组织和调节我们身体正常功能的低级的神经系统中。这个发现证实了，在激发有意义的思想和行为时，身心是动态交互的。从心理学来看，假如将此发现推广到其他的情绪和情境中，也许可以解释为什么那些强烈的社会情绪，包括像钦佩这种积极情绪和仇恨那样的消极情绪，具有如此大的力量能驱使我们做出决定和采取行动，在教育中也概莫能外。

就教育中的动机而言，这些数据显示体验这种激励性情绪包含两种过程：（1）高层次的神经系统：把以前学过的知识与当前情境联系起来产生认知理解和诱发情绪；（2）低层次的神经系统：支持身体和心智的正常功能，并为认知加工提供动力。这两种系统既有区别，又都是必不可少的。（比如，认知和理性的方面指，知道某种行为会带来好处，但却缺乏做这种事情的冲动和动力；相反，倘若一个人知道该做什么，还有做该事的欲望，并能坚持不懈、执着地追求自己的目标，就会作出有动机的行为。）没有认知评价，就不会诱发出情绪；而没有诱发与生命调节和身体感受尤其是肠胃的感受的低层次的神经加工，认知评价就不会有动力，即不会有"干劲"。

## 内在动机的教育学研究——把无意识和生物性过程纳入认知模型

内在动机（至少是教育工作者十分感兴趣的一个研究领域）是一种具有积极意义的、社会化的过程，同时也是教育过程中极为重要的研究课题。大部分教育工作者都非常重视改善学生的学习行为，提高他们的学业成绩，帮助他们选择更好的人生道路，并志在为社会培养有责任心、有担当的终生学习者。人们认为内在动机既会受到与他人关系的影响，也会受到在完成任务时别人或社会的评价（比如能否上大学）带来的感受的影响，还会受到以其他同等的情绪和社会标准对自我效能评价的影响（例如，Forgas，Bower & Moylan，1990；Pintrich & Schunk，2002）。按照定义，内在动机好像是属于个体内在的事情。其实，在教育中与激励有关的状态具有社会性和个体性的双重特征（Dweck，2000；Haidt & Morris，2009；Pekrun，Goetz，Titz & Perry，2002）。因此，钦佩这种社会情绪的研究数据会对内在动机的研究提供极大的帮助。因为内在动机也同样既会包含意识层面的高层次的认知和情绪加工过程，也包含调节和感觉基本生存的机制和驱动力的低层次内稳态的加工过程。

然而，目前教育界几乎所有的关于内驱力的理论都只注重认知过程的研究，这可能是因为许多理论的核心内容都来自自我报告和行为选择的测量数据（Karabenick et al.，2007），而尚未涉及包含意识和无意识共同加工的问题。这并不是因为教育理论没有看到动机中包含无意识的因素，而是由于缺乏研究无意识对内在动机影响的系统的方法，使得相关研究大多偏向于从意识层面解释内驱力。尽管在预测学生的学习情况或学业成绩方面这些理论还是有价值的，但它们无法全面深入地解释动机行为的内在过程。

最著名的例子是自我决定理论（例如，Ryan & Deci，2000）。尤其是该理论中的基本需要理论预言：当学生感到能够自主和胜任时，会有更强的内在动力；而对学生投入的工作给予外在奖赏时，他们的内在动力和总体兴趣就会下降。该理论的提出者认为，这种关系在一定程度上可以用基本心理需求的满足来解释学生的行为选择，并且认为这种解释是有效的和成功的。但是该理论并未探究心理需要与生理需求之间可能存在的关系，也没有回答无意识生理加工过程和生理驱动对产生内在动机的心理状态有哪些潜在的影响。因此，为什么会存在心理驱动力和心理需求，以及如何激励我们的行为和意识选择等这些基本的问题仍未解决 [见 Izard（2001）关于情绪的自适应功能的相关讨论，该文没有讨论其与教育或内驱力的具体关系问题]。

虽然平特里奇（Pintrich，2003）曾经颇有先见之明地指出，今后对内在动机的研究应该建构一个融合无意识与有意识过程的模型，但由于缺乏研究这二者关系的跨学科研究方法而未能深入下去。我们认为，解决问题的办法是找到一种新的研究方法，将有意识的自我报告和行为选择的测量与无意识的心理和生物学机制的相关指标结合起来。希望我们关于对美德的钦佩之情的研究能在这个方向上推进一小步。结合定性的访谈和神经科学的数据研究这样一种内驱力。扩展动机理论的研究对象，将无意识及情绪相关的过程也增加进来，为研究学生的行为带来新的理念，并提出有关教育的、可检验的假设。例如，注重无意识的情绪的教育理念有助于解释为什么学生可能在意识层面"知道"自己应该好好学习，但依然"感觉"不到要努力学习的动力。相反，像对美德产生的钦佩之情这类情绪可能利用负责生命调节的神经系统的这一事实，能让我们更深刻地理解心理需求的动力。这表明，激发、执行和感受那些维持我们生存的生物性驱动力的机制，也是驱使我们心理需求的动力。

总之，心理学和神经科学的最新发现，包括我们对钦佩之情的研究证据都表明，如果当今的教育动机理论能扩展到涵盖调节生理驱动力和人体感受的无意识心理加工过程（即本质上，在研究驱动行为和思想时，要考虑情绪和感受的生物机制）将会有更强的预测力和解释力。虽然把研究动机的关注点转移到了无意识加工上有悖当今的研究路线，但是正如下面会谈到的那样，这并不是无本之木，无源之水。

教育动机的研究结合无意识和生理过程的研究路线，完全符合当今认知心理学和神经科学的发展趋势。比如，它与情绪的研究（Phelps & Sharot，2008）、社会信息加工的研究（Stanley，Phelps & Banaji，2008），还有自动化和默会知识的研究（Clark，2008；Eitam，Hassin & Schul，2008）都是如出一辙的。

## 历史视角下的无意识动机理论研究

虽然现代教育中的动机理论对无意识作用的研究还不够重视，但是无意识过程曾是许多动机理论的组成部分。例如，许多早期的动机理论思想家，像克拉克·伦纳德·赫尔（1884—1952）和西格蒙德·弗洛伊德（1856—1939）都非常重视生理驱动力和无意识过程（最初被称为非意识过程）的研究。事实上，弗洛伊德正是扩展了这一概念才建构了精神疗法理论（例如，Freud，1915；Solms，2004）。与弗洛伊德同时代的学者同样也对无意识过程的研究充满兴趣，例如赫尔曼·冯·亥姆霍兹（1821—1894）注意到无意识是视觉感知的核心，弗里德里希·尼采（1844—1900）强调无意识是我们行为和思想的根本驱动力。但弗洛伊德是第一个把对意识研究的哲学与科学分开，并用他从临床工作中获得的数据支持自己理论研究的人。他的基本观点是人类的动机大部分隐藏在意识之下，有意识的思想不是人类行为动机的主要来源。

然而，到了20世纪三四十年代，由于行为主义成为心理学的主流，弗洛伊德的理论及其他一些关于动机行为中的无意识理论大多被摈弃。行为主义既不关心意识，也不关心无意识，而是只注重行为观察，而不关心心智。虽然认知革命解除了在认知心理学中讨论意识问题的禁忌，但是除了精神动力心理学者，无意识心理在引导人类行为动机中的作用却一直无人问津（见 Westen，1998，评论）。

我们简要梳理该研究领域的历史绝不是要倡导全面回归到过去那种"所有行为和动机都可用无意识驱力来解释"的研究模式（例如，Hull，1943）。我们也不是主张教育中的内驱力就是维持生存行为的生物性驱力的结果、延伸或者与生存有关的生物性驱动力的意识解释。相反，我们认为内驱力是通过利用生物性的驱动力和与生存有关的生理过程获得了心理上的动力的。因此，今后我们需要进一步探讨如下问题：（1）由无意识调控身体和大脑基本生存需要的生理过程（例如心率、意识）；（2）无意识的认知过程与激励性情绪的诱发和对该情绪的体验有直接的关系；（3）激励性情绪的有意识体验。越来越多的证据显示，无意识过程在行为和思想中发挥着极其重要的作用，认知是具身的（例如，Borghi & Cimatti，2010）。倘若能在教育中的动机研究纳入这些课题，就能跟上认知心理学和神经科学的研究步伐。我们认为，只有将意识与具有生理基础的无意识过程的互动关系放在一起来考虑，对动机的研究才能真正向前进步。

## 对教育中的动机研究的启示——充分运用神经科学

在动机研究中，打通教育和认知神经科学的时机业已成熟！得益于社会情绪神经科学研究的突飞猛进，大量神经科学的证据都证明大脑中有支持社会和情绪系统的神经网络 [Immordino-Yang & Damasio，2007（参见第一章）；Mitchell，2008]。而且最新发现显示，大脑各个生理系统之间存在着相互联系，例如负责社会交往的神经系统与负责情绪和调控身体感受尤其是内脏感觉的生理系统之间是相互影响的（Hooker，Verosky，Germine，Knight，& D'Esposito，2008；Lamm，Batson，& Decety，2007；Singer，2006）。它们之间的互动说明，情绪与认知、感受和思想本质上是互相联系的。激励性思想是从身心的互动和文化语境中涌现出来的一种功能 [Immordino-Yang，2008（见第八章）]。

这些成果与教育学领域中的诸如动机和自我效能等概念尚未建立起适当的联系。我们只是描述了对美德产生钦佩之情的神经机制，但它对教育有什么启示尚未深入探讨，尽管它们都是非常有趣的新课题。例如，回到瑞恩和德西的模型（比如，Ryan & Deci，2000），他们认为自主性与内驱力有关。假如的确如此，由于自主性与心理上的自我意识有关，而自我意识又与调节高层次的表征内脏的活动增加（即，下／后内侧皮质；参见 Immordino-Yang 等，2009；也可参见第二章）有关，那么自主性与内驱力就通过它们共享的神经加工过程联系起来了，这样的神经加工过程可以调节和感受身体内部的状态（正如我们在对美德产生钦佩之情的实验中假设的一样）。

值得注意的是，这些神经活动在涉及学习和其他的认知功能方面会因注意力转向环境和外在的奖赏而受到抑制。总而言之，这种解释为内驱力为什么会被外在的奖赏所破坏提供了新的假设，并为教育提供了新的、可验证的启示。

虽然目前给出更进一步的启示的条件尚未成熟，但是运用神经科学的跨学科方法研究动机可以让我们更好地认识如下一些问题：为何学生说出来的意图与他们实际的行为经常是脱节的？为什么社会性加工对培养更深层次的学习动机十分重要（关于对美德产生钦佩之情的讨论，可参见 Haidt & Morris，2009）？社会交往中的文化倾向是如何影响有意识的诠释和无意识的归因过程以及由此产生的动机？为什么动机存在个体差异？这些差异与生物倾向、个人经历的关系如何？另外，这一研究方法可能会为探索动机及其他与成就有关的情绪和认知状态，比如执着和兴趣等[有关"兴趣"作为动机的一个变量的生物学基础方面的讨论可参见 Hidi（2006）]提供新的思路。尽管这一系列问题的研究还都来自思辨，但由于这些有关动机的问题涉及意识与无意识的互动，并遵循特定的生物倾向和神经机制，它至少为这一研究方向提供了一种可能性。

总之，这些研究都涉及动机研究中的无意识的重要性，然而当前关于动机的最新研究发现主要还是来自自我报告或其他有意识层面的数据，并没有测量那些更基本的、无意识控制的与身体有关的数据。在关于钦佩的神经实验研究中，我们发现了用神经影像的方法测量这些无意识的影响。这些数据显示无意识的影响才是根本性的。动机关乎身心动态互动的状态，正是在这种互动中才导致了思路清醒、饱含情感和有意义的行为的愿望。随着对这些心理加工过程的神经基础认识的加深，只要教育研究专家与认知神经科学家积极对话，它们与教育的关系将会变得更加清晰、明了。

## 致谢

在此我们要感谢莱茵哈德·皮克鲁教授、罗伯特·卢埃达教授和理查德·克拉克教授对论文手稿提出的真知灼见。本研究得到了南加州大学的脑与创造力研究院基金、罗西耶教育学院，以及由国家卫生研究资助的安东尼奥·达马西奥和汉娜·达马西奥承担的项目（项目编号 P01 NSI9632）的经费支持，以及马瑟斯基金会的支持，对此深表感谢。

## 第十章

# 基于社会和情绪神经科学视角的数字学习技术设计

玛丽·海伦·爱莫迪诺-杨　瓦内萨·辛格

**本章概要**：许多人都认为数字化的学习体验是非社会性的，只需学生与媒体互动即可。对此，我们不敢苟同。因为即便没有真正的人参与其中，人们还是会把数字化工具当作社交伙伴与之互动。考虑到数字化学习是学习者与计算机之间动态的、辅助社交的手段，我们需要改变设计和使用数字学习技术的方式——同时，也进一步了解为什么我们越来越依赖电子产品。

## 人与电脑的互动——把数字化学习技术看作是社会邂逅

让我们从一个熟悉的场景开始：一群高中生坐在电脑教室里。

有的学生趴在课桌上,有的则一脸茫然地看着窗外,还有的学生或是独自一人或是三三两两地正专注于他们的学习任务,完全沉浸在数字化学习环境中。是什么原因导致这些学生呈现出各种各样的学习状态呢?为什么有的学生觉得数字化学习环境既有趣又实用,而另外一些学生却在想"我干吗要做这个?"。

社会—情感神经科学家和教育技术设计者都对这样的场景和两类学生截然不同的表现感到好奇。然而,神经科学家感兴趣的主要是神经系统如何导致学生把数字化课堂当作能激发他们学习热情的环境,以及他们的感知和学习是如何发生改变的。而教育技术设计师更关注数字化环境能提供什么样的工具和环境,他们要解决的问题是"设计怎样的技术可以更加有效地提高学习效果"。

本章我们将提出一个不同以往却能取长补短的合作路径,即让社会情感神经科学家与数字化学习设计师相向而行。在这个合作共赢的中间地带,又会产生一个新的问题:倘若把数字化学习看成是一个动态的人脑—电脑互动的过程,如何才能设计出更有效的数字化学习环境呢?由此就可以把利用电脑学习的技术看成是思想与机器之间的邂逅。尽管关于人机接口的研究由来已久,我们还是打算从社会情绪神经科学的角度为数字化教学技术的设计师们提供一个解决问题的新思路,让他们能从社会人的角度设计人与机器的互动。

## 具身的脑,社会的心智——人之为人的神经生物学

让我们回到2001年9月11日的那场恐怖事件。我们凭什么

断定那些制造恐怖事件的行为是错误的呢？为什么大多数美国人都很难理解恐怖分子居然能制造如此丧尽天良令人发指的袭击计划？为了一探究竟，我们往往会情不自禁、无意识地想象那些在飞机上的乘客们所经历的感受，设身处地地想象我们自己倘若在那场夺命空难中的感受。很多人只要想象一下飞机撞上双子大楼的画面就会不寒而栗，并会伴有一系列的生理反应，如心跳加速和焦虑不安。同样，我们也难以理喻和体会制造坠机事件的恐怖分子的心态。因为他们的价值观、道德标准和情绪体验都与我们自己的有天壤之别。

近年来，脑影像技术等新研究方法的出现为我们探索社会加工、情绪反应和它们与学习的关系等问题带来了前所未有的机遇和理念。这些新发现不仅将身体与心智、自我和他人联系在了一起，也挑战了心脑分离的传统思想。传统观念认为，心和脑是由截然分开的通道和专门的模块组成的，每一种生理反应和脑的反应都是彼此独立的，它们"井水不犯河水"。而现在越来越多的证据表明低级的生理调节系统和躯体感觉系统也会参与最复杂的心理状态（Immordino-Yang，McColl，Damasio & Damasio，2009；见第九章），研究者也逐渐放弃传统关于发展中先天与后天的界限（Immordino-Yang & Fischer，2009 见第四章）。他们指出，复杂的社会和情绪加工其实来自更原始的脑功能，诸如内稳态的调节（homostatic regulation）、意识调节和身体感觉（Immordino-Yang，Chiao & Fiske，2010）。这些发现强调在社会和非社会环境中，情绪对"理性"学习的巨大影响和在决策中扮演的重要角色（Damasio，2005；Haidt，2001；Immordino-Yang & Damasio，2007 见第一章），也证明了在学习过程中，对学生进行评价和奖惩的重要性,以及在主观性、社会性的思考中,不同学生具有不同的偏好等观点。

这些新发现与传统西方的身心观(比如笛卡儿的身心观)形成鲜明对比。笛卡儿认为,高级的(high-level)理性思维与通常被认为是基础的、情绪的、本能的身体过程是彼此分离的(Damasio,1994/2005)。与这种割裂情绪与思维的观点相反,新研究都认为像愤怒、恐惧、幸福和悲伤这样的情绪既是认知过程又是生理过程,是身心共同作用的产物(Barrett,2009;Damasio,1994/2005;Damasio et al.,2000)。这些情绪利用调节身体的脑系统(如血压、心跳、呼吸、消化)和感受(如身体的痛感或快感)来调节情绪。情绪也影响大脑的认知系统,并以特定的方式改变思想——从感到愤怒时伺机报复,恐惧时要逃跑,到幸福时敞开胸怀接纳他人,以及感到悲伤时追忆失去的人或物。在这些情况下,情绪都会表现在脸上和身体上,这个过程是通过感觉和调节身体的神经系统而被感知的。情绪与思想相互作用,并以特定的方式改变人的心智,让人能从经验中学习。

此外,教育工作者很早就了解,思考和学习既是认知的过程也是情绪的过程。它不是在真空中发生的,而是在社会和文化环境中发展的(Fischer&Bidell,2006)。人们的决策大多与他们过去的社会经历、名誉和文化历史有关。社会神经科学研究揭示了社会学习的一些基本生物学机制(Frith& Frith,2007;Mitchell,2008)。有证据显示,社会加工和学习一般都包括一个人对他人感受和行为的主观内化的解读(Uddin,Iacoboni,Lange,&Keenan,2007)。我们会根据自己的信念和目标来感知和理解别人的感受和行为,并且可以感同身受地体验这些感受和行为，也会跟我们自己经历这些感受和行为时激发相同的脑区（Immordino-Yang，2008）。正如情绪神经科学的证据将我们在加工情绪时的身体和心智联系在一起一样，社会神经科学将自我和对他人的理解联系在了一起。

我们已经知道，直接感知身体疼痛的主要脑系统，尤其是感知肠胃和内脏系统（比如在胃痛或烟瘾发作时）的脑区位也参与感受社会或心理痛苦（Decety & Chaminade，2003；Esenberger & Lieberman，2004；Panksepp，2005；也见第六章）。这些神经系统既感受身体的疼痛，也负责感受心理痛苦或钦佩等社会情绪的脑系统（Immordino-Yang et. al.，2009）。简而言之，诗人们早就感受到：感知他人的情绪，包括在道德环境中对公平、美德、互惠（reciprocity）等情绪的感知与负责感知胃痛的"内脏感觉"（或直觉）分享相同的神经系统（Greene，Sommerville，Nystrom，Darley & Cohen，2001；Lieberman & Eisenberger，2009），也涉及人们自己的意识构建和自我觉知系统（例如：体验"自我"；Damasio，2005；Moll，de Oliveria-Souza & Zahn，2008；也见第二章）。总之，情绪神经科学和心理学的大量研究文献提示，在情绪的加工中身体和心智是相互依赖的。因此，我们的推理受情绪的影响（或偏向）、我们对自我和他人判断，以及学习中对记忆提取的方式都不可避免地带有情绪偏向（Immordino-Yang & Damasio，2007 见第一章）。

相应地，那些负责我们人际关系和道德感的社会情绪的生理反应的神经系统似乎同时也是负责身体感觉和意识的神经系统。即那些参与愤怒、恐惧和厌恶的基本情绪的神经系统也是支持和调节认知的神经系统，包括情景记忆的提取和对自我的看法

（Harrison，Gray，Gianaros & Critchley，2010；Zaki，Ochsner，Hanelliin，Wager & Mackey，2007）。在对钦佩和同情这类复杂的社会情绪的加工中（比如与记忆和社会认知功能相关的神经区域）与负责参与意识调节的内脏和躯体感觉（somatosensation）的神经系统在功能上是相互联系的，或者说是相互"对话"的。这种联系不仅体现在情绪的诱发过程中，也反映在情绪的保持和体验中。这种"对话"表明，在我们的决策、持续参与活动和学习过程中始终离不开社会情绪的参与。研究数据还显示，这些情绪可能是通过协调那些负责复杂计算和负责调取个人历史知识的神经机制获得的动力，这个过程中一直受到内稳态调节系统的影响，因而从根本上保持身体和心智的活跃。

## 人和电脑的信息加工——自上而下、自下而上，以及人的主观性的重要性

先问大家一个简单的问题：为什么作为读者的你会对从神经科学的角度设计数字化学习环境感兴趣？你本来可以在花园里摆弄摆弄花草，或弹一首钢琴奏鸣曲，或与朋友们喝着咖啡聊聊天等，做一些陶冶情操、有益身心的活动，为什么要耗费精力来思考和研究这个话题呢？

我们猜想，虽然这个问题起初会让你感到迷惑不解，但是你很快就会这样回答，"那是因为这个话题是有用的、迷人的、引人入胜的"；因为设计更好的数字化学习技术可以帮助学习者，也可能这个过程会让你获得社会的认可，抑或给你带来恶名，或是因为你在解决这个问题时能收获快乐等诸如此类的回答。你的

回答有可能揭示一些对学习普遍存在的误解，即认为理性的、逻辑的智力是与情绪、主观的想法及自我目标不相干的。

人类的认知，即处理信息、应用知识和决策的能力与电脑对信息的处理和计算在许多重要方面不尽相同。其中最重要的是，人类的信息加工受其主观和特定文化价值观驱动。如前所述，这些价值观都体现在对行为的组织过程中——通过复杂的思想和知识与那些无意识的、低级的，塑造我们感受、行为和特定动机的生理反应进行动态互动来实现（可参见第八章、第十章）。换言之，人类既可以自上而下，又能自下而上地调用注意力和信息加工策略；我们的认知既可以对信息进行分解，也可以将信息拼接和组合成更为复杂的表征（Immordino-Yang & Fischer，2009 见第四章）。此外，由于这些过程还以我们先前的学习经验和期待为基础的，自上而下和自下而上的加工会受到欲望、需求和目标（有些是有意识的，有些是无意识的）的组织。作为生物性的存在，我们在解释"如何"做某事时，往往取决于"为何"要做此事。

为了解释得更清楚，让我们先回到上面关于身心关系的神经生物学证据。如果在情绪加工中，对身体的感受（或模拟对身体的感受）可以塑造我们的思维方式（很多证据表明的确可以），那么可以通过身体感觉（sense）或身体知觉（perception）来塑造我们的思想。然而，脑对这些感觉的记录既不是价值中立的也不是客观的，也就是说，我们对各种感觉的加工并不都是平分秋色、同等对待的。这些知觉被赋予了不同的效价（valence），从快感和痛感开始，知觉变得越来越复杂。即便是人们对环境中物体或情况的简单视觉的知觉，都是基于当前情况和环境给感知者带来的利害关系来理解的。根据主观感知和对后果的认识，我们按照趋利避害的原则做出反应。根据具体情况，这些反应与我们的幸福感息息相关。既可能是满足基本生存需求带来的幸福感，也可能是社会文化意义向上因更高进化层次产生的满足感。

总之，受这些评价、价值和知觉的影响，情绪驱动着我们传统意义上所谓的认知。顾名思义，"情绪（emotion）"这个词（其中，motion 是移动、运动的意思——译者注）暗示我们为知觉（或是模拟的知觉）所"动"。由此，体验到知觉和模拟自己体验到知觉才会"驱动"我们做出有意义的行为（Immordino-Yang & Sylvan，2010，见第九章）。纯粹从认知的角度解释信息加工只适用于描述人工智能和具身现象（指可移动的机器人的行为），但我们认为，这恰恰表明了人工智能与生物智能的分别，这也是我们今后需要在人机接口设计中增加二者互动的原因。

## 从我到它，从它到我——基于情绪和社会神经科学的原理设计更好的学习技术

人类天生就能按照自己对世界的理论化方式和行为方式去整理、归类和组织环境。而我们对世界的理论化和人们行动的内容和次序都是人类生物的、社会的和文化的生活经历之间相互作用的产物。随着儿童的发展，新的经验会塑造和重新塑造已有的神经网络和图式，进而影响他们的认知、社会和情绪的发展。因此，支持天生功能模块的神经联结硬件（它们也是我们评估社会的基础）会随着儿童对社会和文化经验的主观感知和情绪上的感受被动态地塑造。简而言之，我们在发展中形成的独特的个人经验为我们理解和认识他人的思想和行为提供了一个平台。

如果我们交往的伙伴不是一个经过教化、有感情、能自主评价的生物性存在，而是一台电脑，情况又会怎么样呢？我们能如何利用过去的经验和文化知识去预测这个伙伴的行为，理解它的目的，并与它合作解决问题呢？虽然这样设想人机接口有点奇怪，但是社会和情绪神经科学的发展表明，人只能以主观的、情绪的方式进行思考和学习。各种证据显示，人类会自然地人格化电脑。那么怎样将社会情绪融合到数字化学习环境的设计中呢？

在传统课堂式的学习环境中，每个学生都会有自己的学习目标、知识结构和决定，而这些都是由他们的社会的和认知的经验所塑造的。学生必须学会通过与教师共情去理解教师的行为。不论教师是人还是电脑，学生都必须通过共情来学习理解教师的行为。比如，要学习如何用计算机建模，学生首先要理解这项任务所要达到的目标才能将这个目标和自己的技能和记忆联系起来，才能将自己的技能翻译为电脑指令。用电脑等技术来学习和执行任务，为学生辨别和重建行动提出了挑战，其中存在许多隐形的目标和步骤。这些过程不仅取决于电脑是怎样工作的，也会因学生们的主观的、情绪的和个人的经历以及他们当下的兴趣和目标而异。

因此，我们认为，人（特别是电脑新手）与电脑接口的主要问题可能是人们很难预期和理解电脑能做什么事情以及他们为什么要用电脑——因为我们从来没有像电脑一样生活过，很难"设身处地""将心比心"地理解它们的处理状态；因为与电脑打交道不像跟人打交道那么自然。因此，我们需要尽量让人机接口的设计具有情绪功能，让程序和接口尽量对人透明（一目了然）。这并不是说让学生去掌握计算机运行的技术知识，而是应该让数字化环境的目标和动机更加明确、直观。学习者在数字化环境中能轻易地了解该程序的好处在哪里、学习目标是什么，这样他们就能轻松愉快地使用电脑了，而不是感到被动和无聊。

既然电脑没有情绪，我们为什么不能通过改善人机接口的环境、感受和操作方式，让人机互动变得有富有感情呢？大量有关教育研究的文献都提示我们，在高等教育的环境中，要提高学生的学业成绩，需要重点考虑"控制点"（locus of control）（Dweck，1999）。即当学生感到自己可以把控所学的内容、环境和学习节奏时，他才会相信自己可以办到，并更愿意努力学习。因此，学习技术设计的关键在于，不要让学生感觉他不得不依赖或依靠机器，而应培养学生的主体意识，让他感到即使没有电脑的帮助，他也能做到。应该让学生与机器之间互动，而不是由人或机器单向地操控学习活动，这样学生才能更有效地与数字化学习环境互动，才能利用它提升学习能力。

## 从社会互动到学习的数字媒体

在本章开头，我们描述了学生与数字媒体互动的场景，探究为什么有的学生会兴致勃勃地参与其中，而有的学生却感到索然无味、无精打采。通过上述关于情绪具身性、身心互动性和在社会情绪和动机中的自我加工等的讨论，我们该如何来回答这个问题呢？

情绪和社会神经科学发现表明，情绪和认知、身体和心灵在所有年龄段的学生学习中都是相互作用、相互影响的。人们常根据自己的主观目标和兴趣来行事，终其一生都是在社会和情绪的世界中生活和行事的。而电脑运算的数值、判断和计算都是从程序设定的数据、算法和系统约束中产生的。由于控制这些计算的参数都是预先设定的，加上新手对这些参数一无所知，导致许多人难以理解和预测电脑的行为。实际上，由于他们难以对电脑产生共情，才会感到挫败和沮丧，并显得漫不经心。要让数字接口的操作和响应变得有效和便捷，并让新手也能把数字化学习环境当成是合作伙伴，数字化媒体设计者可以考虑使人机交流更像是畅通的社交关系：让目标变得透明、让电脑"伙伴"的行为可预测，也要适合电脑使用者的主观需要。此外，人机交互的双方应恰当地分配过程控制权。

# 跋

安东尼奥·达玛西奥

一个公平合理的社会，不关心下一代的教育是难以想象的。同样，一个公平合理的社会，教育未来的公民时却对心理学和生物学的发展前沿熟视无睹，对关于社会和自然环境的人文学科的突飞猛进视而不见也是难以想象的。随着科学知识的日积月累，反思人类所面临的困境，我们不免会得出两个结论：第一，必须把教育摆在社会和政治生活的优先位置；第二，只有让关于人类的新知识服务于教育，才能使教育更加成功。

玛丽·海伦·爱莫迪诺-杨不仅是一位神经科学家、教育学家，还是一位聪慧、心细的母亲，而母亲的角色对她完成此项艰巨的挑战助了一臂之力。本书是她将神经科学与教育实践相结合的研究论文的合集，读者可透过她的工作初步领略她在该领域做的全新尝试。

本书为我们阐明了为何教育需要融合生物学、心理学和社会科学等领域的研究视角。我确信，科学的迅猛发展必将导致对教育的科学探索永无止境。今天，学科之间需要积极开展有价值的交流，需要突破文理分科的传统壁垒。尽管并非所有的跨学科研究都是可能的或值得提倡的，也不是每一门学科间的桥梁都需要跨越，但爱莫迪诺-杨将教育与情绪神经科学整合的研究却是恰如其分的。因为有意义的学习和思考是离不开情绪的，教育研究尤其需要来自情绪神经科学的事实和知识。

或许是因为爱莫迪诺-杨的研究融合了认知科学和神经科学业已成熟的研究成果，她对人类发展的研究才会如此振奋人心、引人入胜。近年来，还原论开始在认知神经科学界肆虐蔓延，阻碍了科学的进步，遏制了科学发挥其应有的影响力，而她没有跌进还原论的泥潭。我们研究脑如何产生感受，如何支持人类的思想和社会成就，并不意味着要将心智和社会现象还原为神经元，也不会因此降低人类的尊严。相反，爱莫迪诺-杨的跨学科研究恰恰是出于对人性的尊重。她精通神经科学和人类发展，并将二者有机结合，为教育工作者带来了全新的视角，这不得不说是一个福音。这对关心人类命运的人们来说也同样是一个福音，尽管她在这本书里并未明说。